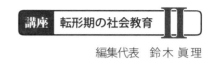

編集代表　鈴木 眞理

社会教育の連携論

—— 社会教育の固有性と連携を考える ——

鈴木 眞理・伊藤 真木子・本庄 陽子〈編著〉

学文社

■執筆者■

伊藤真木子	（常磐大学）	［第1・6章］
山本　芳正	（島根県教育庁）	［第2章］
林　　剛史	（静岡県教育委員会）	［第3章］
本庄　陽子	（青山学院大学〈非常勤〉）	［第4・7章］
津田　英二	（神戸大学）	［第5章］
青山　鉄兵	（文教大学）	［第8章］
大山由美子	（丹青研究所）	［第9章］
鈴木　眞理	（青山学院大学）	［第10章・付論2］

◆◆◆

寺脇　　研	（京都造形芸術大学）	［付論1］

（執筆順）

「講座・転形期の社会教育」の刊行にあたって

　教育をめぐる状況は，厳しくなる一方である。社会教育をめぐる状況はさらに厳しいという認識は，多くの良心的な社会教育関係者には共通だと思われる。
　そのような状況のなかで，六巻におよぶ書籍を刊行することの意味はあるのか，と問われれば，即座に，だからこそ必要なのだと答えることが，唯一の「正しい」対応なのだろう。
　今回私どもが刊行する一連の書籍は，時代が変化するなかでの社会教育のあり様をめぐって，関係者が理解することを支援するための書籍である。社会教育主事養成のための基本的文献になることを意識するとともに，現職の社会教育関係者・行政関係者・地域との連携を模索する学校教員の理解をも支援することができるような書籍を意図している。研究者が自己満足するための書籍をめざしているわけではない。
　すでに学文社から刊行されている鈴木眞理・松岡廣路編著『社会教育の基礎』(2006年)を全面的に改稿する巻を筆頭に，社会教育の基本かつ喫緊のテーマに絞った四巻を配置し，卒業論文や社会教育主事資格科目の「課題研究」などでの研究的な構えが要請されていることに鑑み，また大学院での研究や新しいかたちの研究の基礎という位置づけをもあわせもった最終巻において社会教育の研究の過去・現在・未来についての検討をする，という構成である。初学者のみならず，実践家・研究者の活動を深める一助となり，社会教育の実践・研究の世界に幾分かでも貢献ができると幸いである。
　かつて，宮坂広作『転形期の社会教育』(協同出版，1974年)という著作があった。そのときは，時代が変わるということが「転形期」の意味であったはずである。しかし，今回，私どもが用いる「転形期」とは，時代も変わるが社会教育そのものも変化するという状況を意味し，今後の社会教育のあり様を探ることを意識している点も強調して示しておきたい。

2014年5月30日

編集代表　鈴　木　眞　理

目　次

「講座・転形期の社会教育」の刊行にあたって　1
はじめに　5

第1章　社会教育における連携の意味 …………………………………… 7
1　連携とは何か (7)　2　連携論の文脈 (9)　3　「連携」を考える意味 (14)

第2章　社会教育行政と一般行政 ……………………………………… 21
1　社会教育行政の制度および役割の変遷 (21)　2　生涯学習振興行政と社会教育行政 (26)　3　社会教育行政と一般行政との連携 (30)　4　社会教育行政と一般行政との連携の新たな可能性 (36)

第3章　社会教育と学校—制度的関係 ………………………………… 39
1　学社連携・学社融合論の提起 (39)　2　学校教育と社会教育との関係の制度化 (41)　3　高等教育機関と社会教育関係機関との連携 (47)　4　社会教育と学校教育の連携の展望 (51)

第4章　社会教育と教員・親・地域住民 ……………………………… 54
1　学校・家庭・地域の連携が強調される背景 (54)　2　学校支援地域本部の取り組みと教員の役割 (55)　3　地域団体の活動の停滞 (58)　4　学校を拠点とした新しい「地域づくり」(60)　5　PTAの歴史と可能性 (63)　6　地域社会全体の教育力の再生をめざして (66)

第5章　社会教育と社会福祉 …………………………………………… 71
1　近接領域としての社会教育と社会福祉 (71)　2　実践に内在する福祉と教育 (76)　3　地域社会にある学習課題とコミュニティワーク (80)

第6章　社会教育と市民活動 …………………………………………… 86
1　「市民活動」をとらえる視点 (86)　2　学習活動としての「市民活動」(87)　3　「市民活動」に内在する学習 (89)　4　学習支援を担う「市民活動」(92)　5　「市民活動」に注目する意味 (94)

第7章　社会教育と企業活動 …………………………………………… 101
1　職業生活における学習の意味 (101)　2　社会教育におけるキャリア教育・職業教育の位置づけ (102)　3　企業内教育と企業の社会貢献活動 (105)

4　社会教育の観点からみる教育文化産業と指定管理者制度 (109)　　5　学習社会の実現に向けた連携の可能性 (110)

第8章　社会教育におけるコーディネートの意味 …………………………… 117
　　1　社会教育におけるコーディネートをとらえる視点 (117)　　2　社会教育論におけるコーディネートの位置 (122)　　3　コーディネートをめぐる今後の課題 (127)

第9章　社会教育と地域振興 ……………………………………………………… 131
　　1　地域住民と行政との地域づくり (131)　　2　交流人口による地域振興 (134)
　　3　社会教育と生活環境の形成 (137)　　4　まちづくりとネットワーク (140)
　　5　未来への継承・発展への寄与 (143)

第10章　学校教育と社会教育の制度的・原理的検討—連携という観点から …… 147
　　1　社会教育の位置 (147)　　2　連携がめざすもの (148)　　3　社会教育と連携 (151)　　4　学校教育と社会教育との連携 (153)　　5　人事面での連携の一側面：派遣社会教育主事制度の功罪 (156)

付　論　生涯学習振興と民間との連携 ………………………………………… 166
　　1　寺脇研氏（元　文部省）に聞く (166)　　2　生涯学習施策の始まりのころ：寺脇氏のインタビューをどう読むか (196)

索　引　199

はじめに

　「はじめに」を読んでその本の中身を判断する人は少なくないのではないかと思うと，こうした拙い文章を連ねることには，不安も覚える。かつて在籍していた大学院のゼミで，「従来社会教育の領域で刊行されてきた講座・シリーズの特徴や意義の検討」に取り組み，約半年間，毎週異なる講座・シリーズ本を鞄に携えて過ごしたことがある。いずれも複数の書き手による共著書からは，一定の見解や特定の事実がどのような立場でどのように共有されているのかということが伝わってくるようで，興味深いものだった。社会教育の議論には，前提や背景を知り，部分的にではなく全体的に眺めてこそわかる事柄が少なくないということが，少しわかったようでもあった。この本が手に取られることになった経緯はさまざまであろうが，「講座　転形期の社会教育」のなかにどう位置づくのか，また各章はそれぞれどのような関係にあるのかといったことに，関心をもってもらえたらいいと思う。さらには，各章で本文によって展開される議論のみならず，注や引用文献によって示される複線的な議論にまで，関心をもってもらえたらいいと思う。

　さて，あらためて，この本の内容構成を考えるなかで作成したメモを見直すと，日付は2012年8月とある。すでに3年以上が経つわけだが，このかん，「連携」は変わらず「社会教育の基本かつ喫緊のテーマ」であり続けてきたといえるだろう。「連携」は，昨今の社会教育の実践や研究において出現する回数の最も多い言葉の1つであり，類縁の言葉も溢れている。「連携」はもっぱら望ましいものとされ，「連携」のしくみづくりや手法の開発に関心が向けられたり，特定の事例に注目が集まりその形式的な模倣がなされるといった現象も，しばしば見受けられる。しかしいまだ，「連携」という発想それ自体の意味が検討されることは少ないといっていいだろう。「連携」の大前提として，社会教育の自律性が問われていること，社会教育の固有性とは何かが問われていることに，反省的に目を向ける議論も少ないといっていいだろう。

　この本は，「社会教育の基本かつ喫緊のテーマ」である「連携」という発想

や実態について，連携が求められる各主体や領域に即した基本的な事柄を整理するとともに，各主体や領域を通底する考え方や論点を提示し，社会教育の固有性とは何かを考えようとするものである。

　全体で10の章と1つの付論で構成しており，各章・付論の関連は幾とおりにもとらえることができるだろうが，たとえば，学校教育とは異なる社会教育の意義（第3章，第4章，第10章），社会福祉や地域振興といった近接領域とのかかわりで見いだされる社会教育の意義（第5章，第9章），行政・市民・企業という各セクターが担う社会教育の特性（第2章，第6章，第7章），ネットワークやコーディネートといった「連携」の類縁概念から見いだされる社会教育の特性（第1章，第8章）について，考えることができるかと思う。なかでも第2章，第3章は，社会教育行政の現場第一線から提起された議論として，第9章は社会教育の「周辺」から提起された議論として読んでいただければ，一層理解もしやすいかと思う。また，第10章には，社会教育と学校教育との連携を推進する鍵であった派遣社会教育主事制度についての調査研究の内容が一部採録されている。付論には，生涯学習振興にかかわる行政と民間との連携を具体化し推進するキーパーソンであった寺脇研氏へのインタビューの内容を全部収録することがかなった。これらの，史資料としての価値の高さは強調してもしすぎることはないであろう。連携の意味，そして社会教育の意味を，複眼的そして長期的にとらえる必要性が自ずと伝わるかと思う。

　もとよりこの本で議論が完結するはずはなく，読後にそれぞれの関心を追究してもらいたい。読み手の関心によっては，何年後かに読み返すと新たな発見があるという章があるかと思う。書かれた内容云々よりも，書き手の魅力や書き手への信頼によって，何となく，何度となく読み返される章もあるかと思う。この本が，そのようなものとして，手元に長く置いていただけるものとなれば幸いである。

編者を代表して
伊藤　真木子

第1章
社会教育における連携の意味

1 連携とは何か

(1) 「連携」論の枠組み

　昨今の社会教育の議論において頻出する「連携」とは，単に記述的な概念としてではなく，価値的な概念として多用されているといえよう。それ自体望ましいものとされ，社会教育に関するさまざまな課題の解決方策としての期待を込めて用いられるのである[1]。

　しかし，「連携」が論じられる枠組みは，一様ではない。生涯学習社会の実現のために連携が必要だという巨視的・抽象的な議論もあれば，何か単発的なイベントを実施するのに連携が必要だという微視的・具体的な議論もある。連携の目的が論じられる場合もあれば方法が論じられる場合もあり，連携することそれ自体が目的化していることに無自覚な議論もある。役割分担や協力，提携，連絡・調整，委託や共催あるいは参加・参画といわず「連携」という意味が不分明な議論もある[2]。また，たとえば，「大学と社会教育の連携」といういい方に対し，大学は「機関」であり，社会教育は「活動」なのだから，"両者が「連携」できるわけがない"[3]として，その用法のおかしさが指摘されたこともある。大学教員と社会教育行政職員が相互に依頼したりされたりして事業や授業を実施することはごく普通にあることで，そうした個人間の信頼関係に基づく柔軟な「連携」にとどまらず，組織化・制度化の度合いが高まる機関間の「連携」をめざす必要がどこにあるかは，決して自明のことではない。なぜ「連携」が議論されるのか—「連携」を掲げる耳ざわりのよい議論には，立場や前提の異なる相手には通用しないものも少なくないということは認識しておく必要があるだろう。

社会教育行政においては，すでに1971 (昭和46) 年の社会教育審議会答申「急激な社会構造の変化に対処する社会教育のあり方について」のなかで，学校教育と社会教育の連携，社会教育の施設間や指導者間の連携，都道府県と市町村の広域的連携，社会教育行政と一般行政の連携について，その必要性が指摘されている。またその後，1986 (昭和61) 年の臨時教育審議会「教育改革に関する第2次答申」では，行政と民間，高等教育機関との連携の必要性が指摘されている。このとき「民間」として注目されたのはカルチャーセンターなどの営利機関であったが，1998 (平成10) 年の生涯学習審議会答申「社会の変化に対応した今後の社会教育行政の在り方について」では，非営利機関（「ボランティア団体をはじめとするNPO」）への注目がみられる[4]。

　この間の議論を概観するならば，主に①1970年代以降，生涯教育論の基底をなすものとして議論されてきた学校教育と社会教育の連携—「学社連携」論の文脈，②1980年代半ば以降，生涯学習推進体制の具体化が図られるなかで議論された多様な学習機会提供主体の連携—「ネットワーク型行政」論の文脈，③1990年代半ば以降，行政改革の進行と市民活動の活発化のなかで議論される「行政と市民との協働」論の文脈，に整理してみることができるであろう。

(2)　曖昧な「連携」概念

　また最近では，「連携」がそれ単独ではなく，「ネットワーク」「協働」などの語と併記されたり，言い換えられることが多くなっているように見受けられる。併記や言い換えにどんな意味があるのだろうか。概念の1つ1つに拘泥しすぎるのは生産的ではないし，当事者間で意味が通じればよいときもあるが，あまりに無頓着に文言が重ねられていくことは望ましいとはいえまい。

　ここである程度の整理を行うならば，「連携」は主体間の直接的で意識的な関係，基本的には一対一の関係に着目するものであるのに対し，「ネットワーク」は直接的に関係する主体を通して間接的に関係しうる主体をも含めた「構造」に着目するものとして理解できるであろう。また，「連携」は主体間の対等な関係と，主体間の「強い紐帯」を志向するのに対し，「ネットワーク」は主体

間に中心と周辺,依存と非依存といった力関係があることを前提とし,主体間の「弱い紐帯」の力をむしろ積極的に意味づけるものであろう。「連携」はある特定の目的をより効果的・効率的に達成するための手段として考えられ,本来は期間限定の関係として考えられるものであろうが,「ネットワーク」はいつか誰かにとっての目的を達成するための資源となりうるものとして期待され,恒常的に保持する努力がなされるものとして構想される。日頃のネットワークのあり様が,「連携」の内実を左右するといえるのだろう。

　また,「連携」に比べ,「協働」は社会教育の領域の「外」で練られてきた概念であり,政治的に意味付与されてきた用語という性格が強い。とくに1990年代以降,地方分権(国から地方へ),規制緩和(官から民へ)と急速に進んだ行財政改革を受けての,地方自治のあり方を議論する文脈で多用されてきたといえる[5]。一方を行政,他方を「市民」として両者の「協働」を論じるもので,行政の効率化(行政の経営論)と行政の民主化(市民の参加論)という2つの観点から議論され,前者の追求のために後者が形骸化することへの警鐘が常に示されてきた。今日では「協働」を実質的なものにするための条例や指針などを策定している自治体も少なくなく[6],「協働」を進めるためのマニュアルや手引きなども種々刊行されている。「市民」として行政との法的な契約関係を取り結ぶことのできるNPO(特定非営利活動法人)を措定する議論が多く,町内会や自治会など既存の「住民」組織との関係についても議論がある。「協働」する主体間の対等性を強調する議論では「パートナーシップ」,「協働」する事業などの付加価値に着目する議論では「コラボレーション」といったカタカナが好まれるなど,類縁の用語も多い[7]。社会教育の議論において諸概念を使用する場合にはこうした文脈・背景をふまえる必要があろう[8]。

2　連携論の文脈

(1) 教育改革と学社連携・融合論

　社会教育と「連携」ということについての議論は1つには,明治期以来の学

校教育を中心に整備されてきた教育のあり方を，生涯教育の観点から見直そうという，大きな教育改革の流れのなかで提起されたとみることができる。より直接的には，1971（昭和46）年の社会教育審議会答申が，学校に過度の負担や期待をかけてきた従来の教育のあり方を見直し，学校教育，家庭教育，社会教育の有機的な関係構築を図る必要性を指摘したことで方向づけられたといえよう。1974（昭和49）年の社会教育審議会建議「在学青少年に対する社会教育の在り方について―家庭教育，学校教育と社会教育の連携―」では，「学校で学んだ原理的な事柄を社会教育の場で実践し，社会教育で体験した事柄を学校教育の場で更に体系的に深めるといった有機的な関連をつくること」の重要性を指摘し，学校教員と青少年教育施設職員との協力や，青少年教育にたずさわる指導者の養成などについて議論を提起している。同じ1974年から国の補助金施策として制度化され1998（平成10）年には一般財源化されるに至った派遣社会教育主事制度は，学校教員の社会教育理解を高め得るしくみとしても意味づけられる。

　また，1995（平成7）年の国立青年の家・少年自然の家のあり方に関する調査研究協力者会議「国立青年の家・少年自然の家の改善について―より魅力ある施設に生まれ変わるために―（報告）」は，学校教育や社会教育といった区分を必要としない，新たな教育領域の可能性も示唆する議論を提示していた。

　この間，社会教育の観点からは，学校教育と社会教育との連携の目的を「子どもの豊かな成長発達のため」そして「子ども・子育てを通じた地域づくりのため」とする議論や取組みが活発化し[9]，「学社連携・融合」を鍵概念として具体的な取り組みが多々紹介されてきたが，とくに「通学合宿」[10]や「博学連携」[11]といわれる取り組みは各地で試みられ広く定着してきたといえよう。

　しかし，学校週5日制や「総合的な学習の時間」の導入など学校教育の制度的改編が進み，2001（平成13）年の学校教育法と社会教育法の一部改正では体験活動の推進における学校教育と社会教育との連携が規定され，2006（平成8）年の教育基本法の改正では「学校，家庭及び地域住民等の相互の連携協力」（第13条）が新設されるなどのなかで，「学社連携・融合」をめぐる動きは「学校

支援」の取り組みとしての性格を強めてきたことは否めない。それに伴い，学校教員と社会教育職員の関係よりも，子どもに関する直接的な利害を共有する学校教員と保護者，地域住民間の関係に関心が向けられるようになっているといえよう。いわば顔の見える間柄であり，対立や葛藤の少ない関係が志向されるが，そうした関係には，価値観の異なる他者を排除する構造が含まれていること，役割や地位関係の固定化も起こりうることに留意が必要であろう。

放課後や土日を地域で過ごす提案がなされた1970年代当初からみると，放課後も土日も学校で過ごすしくみづくりが進む今日は，もともとの「生涯教育の観点からの教育改革」という大きな目的との隔たりがあることは否めない。学区を越えた，公教育の外の私教育の動向[12]を視野に入れた議論にも至ってはおらず，高等教育機関のあり方，成人の教育・学習支援を見据えた議論とも接点は少ないといえよう[13]。

(2) 生涯学習推進とネットワーク型行政論

成人の学習支援―学習行動や学習関心の広がりや深化に対応するという観点からの「連携」が考えられるようになるのは，社会教育行政における関心事が，施設や職員の量的な拡充であった時期を経て，質的な充実に向かうなかでのことだといえよう。多様な学習機会提供主体を視野に入れた「新社会教育観」[14]が定着し，生涯学習推進のシステム構築の動きが加速するなかでのことともいえる。1986（昭和61）年の臨時教育審議会第2次答申では「新しい柔軟な教育ネットワーク」，1987年同審議会第3次答申では「生涯学習を進めるまちづくり」[15]という考え方が提示され，生涯学習支援にかかわる「ひと（指導者）」「もの（施設）」「こと（事業）」そして「情報」のネットワーク化を図る研究が活発化する[16]。

また，1990（平成2）年生涯学習の振興のための施策の推進体制などの整備に関する法律（生涯学習振興法）の施行後，1994（平成6）年の生涯学習審議会社会教育分科審議会施設部会報告「学習機会提供を中心とする広域的な学習サービス網の充実について―新たな連携・協力システムの構築を目指して―」を受け，

都道府県の生涯学習推進センターなどを拠点とする「生涯大学システム（県民カレッジ）」の事業化が図られるとともに[17]，そこでの学習成果を生かすための評価・認証システムの構築に向けた研究・取り組みも活発化する。この間，文部省では生涯学習局生涯学習振興課に「民間教育事業室」を開設し，各省庁の学習関連事業をとりまとめ「生涯学習連携情報」（月刊）を編集して全国の教育委員会に配布するほか，企業が行うメセナ事業などにも目配りし[18]，「全国生涯学習フェスティバル」を主催し広く関係者の交流を促したほか，1998（平成10）年には「教育行政機関と民間教育事業者との連携の促進について（報告）」をまとめるなど，「連携」に非常に積極的な姿勢を示してもいた。

　ただし民間教育事業者からみれば，「広域的な学習サービス網」も"「官製ネットワーク」に入り込む余地はない"[19]とされ，"官と民との接点が皆無に近かった"[20]と総括される状況であった。整備された学習情報提供・相談システムも，IT技術の進歩に著しく遅れをとり，また，学習支援者のための情報か学習者のための情報か，コンセプトが不明確なものも少なくなかったといえよう。また，都道府県域を越えての情報共有という発想は希薄であり[21]，成人学習者や民間教育事業者の行動・活動が行政区域に収まらない広がりをもっている現実に対応するものではなかったといえよう。

　こうしたなかで，1998（平成10）年の生涯学習審議会答申は「ネットワーク型行政」という鍵概念を提示し，「行政の内部の連携・ネットワーク化を図るとともに，行政の外部（民間の営利・非営利の諸機関，高等教育機関など）との連携・パートナーシップ構築を図る」必要性を論じ，その中核的な役割を担うものとして社会教育行政を位置づける。そして「連携」「ネットワーク」の実質化を図るための「新たな拠点」づくりや「民間のコーディネーター」の養成などを事業化してきた[22]。しかし，連携やネットワークの維持や方向性を決めるのは，連携する主体間の，またネットワークの構成員それぞれの主体的な努力であって，第三者的な中間支援組織・者の存在が必要だという発想には注意も必要であろう。何よりまずは，旧来「拠点」「コーディネーター」として期待されてきたはずの社会教育の施設・職員が本来の役割を果たしているかどう

かを検討する必要があるといえよう[23]。関連して，しばしば連携のための構造的なしくみづくりが志向されることには留意が必要であろう。しくみを実質化するのは，結局のところ「人」なのであるから，より多くの人が自らの取り組みや活動や仕事を「社会教育」として認識できる機会が多くあること―社会教育行政が本来の機能を着実に果たしていること―こそが重要なことだといえよう。

(3) 行政と市民の「協働」論

不特定多数者というよりも特定少数者への，また顕在的ニーズというよりも潜在的ニーズへの対応という意味合いの強い教育的取り組みにおいて，行政と民間の諸機関との「連携」の必要性がいわれることは多い。たとえば，2004（平成16）年に文部科学省に設置された調査研究委員会がまとめた報告「家庭教育支援のための行政と子育て支援団体との連携の促進について」では，従来行政としては踏み込むことがむずかしかった，さまざまな困難をかかえている家庭・親などへの支援を「届ける」ために，子育て支援という特定領域にかかわる民間の諸機関と連携することの有効性が明確化されている。教育的課題が複雑化，個別化するにつれて，そうした課題の改善・解決に向けて当事者意識をもって先導的に取り組んできた人々や，一定の専門性を形成・獲得してきた民間の諸機関の役割は重要性を増すであろう。従来行政が担ってこなかった新たな教育・学習支援の領域を開拓する「市民」への期待は高い。

いっぽう，従来行政が担ってきた教育・学習支援を補完する「市民」への関心も高い。自治体経営に参加する「市民」に着目する議論であり，より直接的には1998（平成10）年に制定された特定非営利活動促進法（NPO法）が具体的な活動分野の1つに「社会教育の推進を図る活動」を含めたことや，2003（平成15）年の地方自治法改正により社会教育施設の運営に指定管理者制度の導入が可能となったことを受けての議論が量産されてきたといえるだろう[24]。従来行政ならではの役割とされてきた役割―教育・学習にかかわる資金面での援助，助言や情報の提供，基礎的な調査研究などを担う「市民」も少なくない。

「市民」の自発性と創造性を損なわず，行政としての責任を放棄しない関係

のあり方が常に問われるなかで、しばしば両者の「対等性」ということが主張されるが、行政が「市民」との「対等性」を尊重していこうとするならば、かつて市民運動との関係をめぐりみられたように、行政としての方針や見解と対立するような「市民」の意思や行動をどこまで受け入れることができるかが問われるであろう。また、これまで社会教育関係団体や学習グループ、そして民間営利事業者との関係をめぐって議論があったように、行政が特定の「市民」とのかかわりを強くもつことへの説明が求められるだろう。社会教育施設のボランティアや学習成果活用としてのボランティアという考え方にかかわって議論があったように、教育・学習支援にたずさわるボランティア当人の自己実現という側面を意義づける議論もあるが、当人の自己実現という問題と、行政としての教育・学習支援の水準の問題とは別に考えられなければならないであろう。あるいは、「市民」というとき、社会教育委員や公民館運営審議会の委員などはどのように位置づけられるだろうか。文化・スポーツ面で能動的な学習者が、政治面で能動的な「市民」であるとは限らない。行政と「協働」することを望む「市民」が、相応する力量をもっているとは限らないし、相応する力量を判断する能力を行政がもっているとも限らない。「市民」の力量を期待する社会教育の制度がなぜ形骸化するのか、「市民」にできることがなぜ行政にできないのかが厳しく問われなければならない。

3　「連携」を考える意味

(1) 社会教育の固有性を問う視点

　今日の社会教育において、「連携」という切り口での議論が意味をもつのは、社会教育の固有性についての再考を促すという点においてであろう[25]。

　ところで、雑誌『社会教育』の特集テーマにおける「連携」の語の初出は1968年1月号の「一般行政との連係（ママ）の可能性」であった。社会教育行政と、一般行政との連携を主題とした特集号であったが、その後今日までに、たとえば労働者、女性や高齢者などと社会教育行政がとらえてきた学習者層、また消

費者問題や環境問題，地域づくり，情報化や国際化などと社会教育行政が取り組んできた学習課題群に対応するかたちで，一般行政に専管の部局が設置されてきた。また一方で，成人の不安定な雇用や高齢者の健康をめぐる問題など，複眼的なアプローチからとらえられるべき諸問題は，行政内の組織横断的な取り組みを要求し，教育行政と福祉行政，教育政策と雇用政策などの施策の一元化を促してきた。こうした過程を経て，社会教育行政の「埋没」が嘆かれることもしばしばあるが，目的を共有する各主体間での連携がめざされることと，競合関係が表面化することとは表裏一体のことであり，新たな融合領域の生成の一方で，既存の固有領域が消失していくことは必然のことであろう。

「連携」論には，学校教育とは異なる社会教育の意義，一般行政に対する教育行政の意義，そして民間に対する行政の意義についての自覚が常に問われるが，社会教育の固有性を主張することそれ自体に固執したり，社会教育行政の存在意義を主張するための議論に終始するのではなく，競合する主体の存在やほかの主体と融合する可能性を視野に入れた議論が求められる。

(2) 社会教育の固有性を問う前提

最後にいくつか指摘するならば，まず１つに，「連携」の意義を組織レベルでというよりも個人レベルでとらえること，さらにいえば，成果よりも過程に「連携」の意味を見いだすことも[26]，社会教育の観点からは，大切なことだと考えられる。連携は，主体（組織）間での目的の共有や力量の対等性を前提としてこそ成り立つものだと考えられる。しかし実際には，連携の必要性を認識する一方の主体（個人）が，さほどその必要性を感じていない他方の主体（個人）に働きかけることで「連携」が始まるケースも少なくない。この場合，主体間の有する資源や能力は（組織としても個人としても）対等ではないであろう。両者の思惑が異なる事態が発生し，物事の決定も実行も，計画どおりには進まない場合もあるだろう。しかし，そうした過程を通して各主体（個人）が新たな資源や能力を得ること，主体間（個人と個人）の信頼関係が構築されることに意義があるし，いずれはまた新たな主体間（組織と組織）の，有機的な連携につなが

ることも期待できるのであろう。社会教育における「連携」は，その「開始」や「終了」をある一時点で区切ることができるようなものではなく，その前史となる取り組みや，基盤となる人間関係を前提としてこそとらえることができるものだといえる。

　２つ目に，昨今では社会教育行政とその外部との「連携」に向けられる関心が高い一方で，内部すなわち「社会教育関係者」というまとまりへの関心は相対的に低いように見受けられる。しかしたとえば，社会教育職員の研修というとき，社会教育事業を所管する一般行政部局の職員の存在や，社会教育施設を運営する指定管理者の存在を，どのように考えたらよいのであろうか。「社会教育関係者」として共有すべき考え方の軸は何かが議論され，連携相手に説明できたあとにこそ，意味ある連携が展望できるのだろう。関連して，連携相手に関する基本的な理解が求められる。今日，たとえば社会教育関係団体や民間営利事業者の実態を（個別の事例としてではなく）どれほど把握できているだろうか。「ボランティア団体をはじめとするNPO」への注目が高まる一方で，社会教育関係団体について積極的に論ずる研究者や，民間営利事業者との親和的な関係にある行政関係者はほとんど不在となり，議論の土台として共有しうるデータは量質ともに非常に乏しくなった[27]。基礎的なデータの整備のために，研究者や研究機関，行政職員や教育委員会との「連携」による調査研究への着手が望まれる。

（伊藤　真木子）

● 注 ・・・・・・・・

1)「連係」や「連繋」ではなく「連携」と表記する用法が定着するのも，2000年に入って以降といえよう。たとえば，鈴木眞理「社会教育施設　施設間の関係」碓井正久・倉内史郎編著『改訂新社会教育』学文社，1996年，p.163においても，「連繋」と表記されていた。

2) たとえば社会教育調査では，教育委員会と民間社会教育事業者との「連携・協力状況」を，「教育委員会が実施した社会教育学級・講座及び諸集会のうち，民間社会教育事業者に委託した状況」と限定的に定義している。なお，同調査項目が設定された平成8年度は「営利」の事業者についてのみだったが，平成17年度からは「非営利」の事業者についても調査するようになっている。

3) 岡本によれば，これは，「学校と教育の連携」とか「病院と医療の連携」とか「福祉施設と福祉の連携」といっているようなもので，このような「耳当たりのよいスローガン」を並べて「具体的な人の活動」をみないことが，社会教育を活性化させるうえでの障害となってきた。岡本薫「『大学』と『社会教育』との連携が進まない社会的な背景を探る」『社会教育』(特集　大学と社会教育の連携の可能性を探る―社会教育の学習内容を高めるために) 2009 年 9 月号, p.14.
4) 営利機関との連携については懸念や疑義が示されることも少なくなかったのに比べると，非営利機関との連携に向けられる期待は非常に高いといえる。なお，ボランティア活動については，体制的な動員の手段であるとか安上がり行政の容認になるといった議論もあったが，NPO 法人の制度化を契機として批判的な視点がみえがたくなったと指摘される。鈴木眞理『ボランティア活動と集団　生涯学習・社会教育論的探究』学文社，2004 年，pp.10-11, pp.36-37 ほか.
5) 今日の「協働」論を方向づけたとされるものに，荒木昭次郎『参加と協働―新しい市民＝行政関係の創造』ぎょうせい，1990 年がある。
6) 原型とされる「横浜市における市民活動との協働に関する基本指針」(1999 年策定) では，「協働」の原則として，①対等，②自主性尊重，③自立化，④相互理解，⑤目的共有，⑥公開を挙げ，行政が市民との「協働」を進める方法として，①補助・助成，②共催，③委託，④公の財産の使用，⑤後援，⑥情報交換・コーディネートなどを示している。
7) 社会教育における参加論においてもしばしば援用されるアーンスタインの「市民参加の階梯」は，①操作 (Manipulation)，②治療 (Therapy)，③情報提供 (informing)，④相談 (consultation)，⑤宥和 (placation)，⑥パートナーシップ (Partnership)，⑦権限移譲 (Delegated Power)，⑧自主管理 (Citizen control) と訳す (篠原一「市民参加の制度と運動」『市民参加 (現代都市政策Ⅱ)』岩波書店，1973 年，p.24) ことが広く受容されてきたが，今日「協働」にパートナーシップの語をあてる議論は多く，文字面だけでみれば，「協働」は市民参加における一段階とみなされることになる。それぞれ固有の文脈・背景を有する諸概念を二重三重に援用する議論には，相当の慎重さが求められるであろう。
8) 2013 年の「第 6 期中央教育審議会生涯学習分科会における議論の整理」でも「連携・協働」は頻出する。しかし「協働」の定義は曖昧であり，全文を通して「連携・協力」「ネットワーク・協働」などと表現を変える箇所が非常に多いのだが，使い分ける積極的な意味があるともいいがたい。
9) 渋谷英章「学校教育と学社融合」『学社融合と生涯学習』(日本生涯教育学会年報第 17 号) 1996 年，pp.17-30 では，「学社連携」の展開を，①学校以外の場の教育作用に着目する学社連携，②施設の相互作用による学社連携，③地域の教育力の活性

化とその活用を求める学社連携，の順に解説している。
10) 1996年の中央教育審議会第1次答申「21世紀を展望した我が国の教育の在り方について」で「合宿通学」として紹介された。初発の取組みなどについては，正平辰男・永田誠・相戸晴子『子どもの育ちと生活体験の輝き これまでの通学合宿 これからの通学合宿』あいり出版，2010年を参照されたい。
11) 日本博物館協会『博物館研究』が初めて組んだ特集テーマは「博学連携」であり，"ここ2～3年特に学校との連携に力を入れている館が増加"(「編集後記」『博物館研究』Vol.38 No.2, 2003年)との現状認識が示されている。
12) 廣渡修一「もう1つの学校：フリースクール・学習塾・ホームスクール」鈴木眞理・佐々木英和編著『社会教育と学校』(シリーズ生涯学習社会における社会教育 第2巻)学文社，2003年，pp.139-156.
13) ただし1990年代には，教育委員会が高等教育機関と連携して高度な学習プログラムを提供する試みを「市民大学」と呼んで注目する議論もあったし，「大学開放」をめぐる議論も活発化している。また昨今では自治体と高等教育機関とが包括協定を結ぶ「域学連携」の事例や，大学に「社会連携センター」といった名称を冠した部門を設置する事例も増えている。こうした動向を，「学社連携」論のなかに位置づけてみることは必要である。
14) 碓井正久・倉内史郎編著『新社会教育』学文社，1986年は，民間教育文化産業，マスコミ，企業，職業訓練施設・専修学校など多様な学習機会提供主体の存在を指摘し，社会教育行政中心の社会教育観とは異なる見方を示した。その後，岡本薫「学校外の学習活動の体系的・総合的推進―『県民カレッジ』方式による『新社会教育』の挑戦」『社会教育』1994年6月号，pp.8-13による議論が提示され，社会教育行政関係者のなかで強い影響力をもって受容されることとなる。
15) 全国にモデル市町村が指定されるなかで生まれた「出前講座」の取り組みについては，松澤利行『出前講座がまちを変える 21世紀のまちづくり・人づくり』(全日本社会教育連合会，2001年)を参照されたい。
16) たとえば『生涯学習時代における社会教育指導者のネットワーク化に関する実証的研究』(社会教育指導者ネットワーク研究会 研究代表者 岡本包治)1990年，『生涯学習関連施設のネットワーク形成に関する実証的研究―生涯学習ネットワーク形成のためのモデル―』(生涯学習関連施設のネットワーク形成研究会 研究代表者 石井威望, 1990年)がまとめられている。
17) 成功例の1つとされる「あおもり県民カレッジ」について，『社会教育』2000年1月号から数回にわたり連載がある。
18) 寺脇研(文部省生涯学習局民間教育事業室長)・落合裕之(通商産業省産業政策局生涯学習室長補佐)「民間生涯学習事業と行政―民間企業に対する行政の生涯学習施

策の取り組み―」『社会教育』1992年6月号，pp.44-50.
19）山本思外里『大人たちの学校　生涯学習を愉しむ』中央公論社，2001年，p.123.
20）寺脇研・山本思外里「対談　生涯学習の10年と民間カルチャー事業」全国民間カルチャー事業協議会『カルチャーエイジ』1998年2月号，pp.18-19.
21）首長部局では，持続的な観光振興を図る「エコツーリズム」（環境省）や過疎高齢地域の振興を図る「地域おこし協力隊」（総務省）など，都道府県の枠を超えた外部の資源を交換しあう取り組みやしくみがさまざまに提案されてきた。
22）「プラットフォーム」「コンソーシアム」と称する組織がつくられたり，「生涯学習ボランティアセンター」におかれる「生涯学習コーディネーター」，体験活動に関するボランティア・コーディネーターや家庭教育支援に関するコーディネーター，学校支援地域本部事業におかれる「地域コーディネーター」など個別の施設や事業ごとに「コーディネーター」の養成が図られてきた。
23）1986年の社会教育審議会報告「社会教育主事の養成について」では，「連絡，連携は，単に関連機関相互が情報交換をし，広報その他を共同して行うといった程度にとどまるものではなく…諸事業を生涯教育の理念に基づいて関連づけるといった積極的な意味合いをもつもの」とし，そのため社会教育主事に「調整者としての能力」が必要だとしていた。また，イヴァン・イリッチ／東洋・小沢周三訳『脱学校の社会』東京創元社，1977年では，「学習のためのネットワーク」を運営する教育行政官，ネットワークの利用法を指導する教育カウンセラーの二者を，独立した専門的職業とみなしている（p.178）。
24）日本社会教育学会でも2007年に年報『NPOと社会教育』をまとめているが，当初年報タイトルを「自治体社会教育とNPO―分権・自治・協働―」とする提案もあったという。手打明敏「まえがき」日本社会教育学会編『NPOと社会教育』（日本の社会教育第51集）2007年，p.1.
25）社会教育の特性はさまざまに理解されるが，"学習者の自発性や自律性が尊重され，学習のプロセスそのものが意味をもつとも考えられる社会教育は，組織化の道程をこれからも辿り続けるのであろう。しかし終着点は存在しない。社会教育が「組織化」された瞬間に，社会教育は自壊するのであろう"と述べられていることに尽きるのだと思われる。鈴木眞理「社会教育とは何か」鈴木眞理・松岡廣路編著『社会教育の基礎』学文社，2006年，p.20.
26）ここでの指摘は，鈴木眞理「社会教育における地方公共団体と関係機関・団体等の連携の意義」国立教育政策研究所社会教育実践研究センター『社会教育における地方公共団体と関係機関・団体などの連携方策に関する調査研究報告書』2009年，pp.55-59に多くをおっている。とくに"連携主体の変容に視点を移してみる"（p.57）という視点は重要であると思われる。

27) たとえば，1985 年には文部省において「生涯教育事業調査」，1998 年には社会教育調査の付帯調査として「カルチャーセンター調査」が実施されたが，その後文部（科学）省としての調査は実施あるいは公表されていない。2015 年 4 月現在，「生涯学習局生涯学習振興課民間教育事業室」を前身とする「生涯学習政策局生涯学習推進課民間教育事業振興室」が振興する対象として文部科学省のホームページ上に明記しているのは「検定試験」と「教育関係 NPO」のみである。また，文部省とカルチャーセンター関係者との懇談会を経て，1989 年に発足した全国民間カルチャー事業協議会が 1990 年から発行してきた機関誌『カルチャーエイジ』は，2011 年以降は外部には非公開になっている。

第2章
社会教育行政と一般行政

1　社会教育行政の制度および役割の変遷

(1) 社会教育行政の役割

　社会教育行政については，教育基本法において，社会において行われる教育は国および地方公共団体によって奨励されなければならないこと，国および地方公共団体は図書館，博物館，公民館その他の社会教育施設の設置など適当な方法によって社会教育の振興に努めること（第12条）が規定されている。社会教育法には，「社会教育の奨励に必要な施設の設置及び運営，集会の開催，資料の作製，頒布その他の方法により，すべての国民があらゆる機会，あらゆる場所を利用して自ら実際生活に即する文化的教養を高め得るような環境を醸成するように努めなければならない」（第3条）と規定されており，社会教育を推進する環境を整備・醸成し，社会教育活動を奨励することが社会教育行政の役割であることを明示している。

　また，社会教育審議会答申「急激な社会構造の変化に対処する社会教育のあり方について」(1971年) では，社会教育行政の主要な役割は，「ひとびとの多種・多様な自発的学習を基礎として行われる社会教育を促進・援助して，できるだけ多くの人の教育的要求を満足させ，個人の幸福と社会の発展を図ることにある」としており，これが今日に至るまで社会教育行政の基本的なあり方や方向性を示すものとなっている。

　このように，社会教育行政は，「社会教育を促進・援助」するための組織・機能であり，社会教育を支援するための「条件整備」を行うとともに，「環境の醸成」を図ることがその役割といえる。

(2) 社会教育行政をめぐる動向

　社会の変化や行財政改革のなかで，社会教育行政の制度や役割などは変化してきている。ここでは，3つの観点から社会教育行政をめぐる動向を整理してみよう。

① 社会教育行政の転換を求める見解―首長からの要望・意見・提案など

　自治体の首長からは，生涯学習や社会教育，スポーツなどは，地方分権やまちづくり・地域づくりという観点から，教育委員会の所管ではなく総合行政のなかで首長が主体となって行う必要があるという要望・意見などが何回か示されてきている。

　全国市長会が取りまとめた「学校と地域社会の連携強化に関する意見―分権型教育の推進と教育委員会の役割の見直し―」(2001年) では，教育委員会が所管している生涯学習やスポーツなどは，総合的に取り組む必要があり，首長部局の所管が望ましいという考えを示した。

　続いて全国市長会の提言「分権時代の都市自治体のあり方について」(2005年) においては，「幼稚園・保育所，生涯学習・社会教育，文化・スポーツについては，(中略) 多方面からの総合的な対応が望ましく，また教育委員会の所管とすべき強い事情があるとも考えられないことから，原則として首長の責任の下で行うこととすべき」とし，生涯学習・社会教育について権限の首長への移管について言及している。また，全国市長会の提言「義務教育における地方分権の推進に関する基本的な考え方」(2005年) では，「美術館・図書館・体育館等にみられるように，こうした行政については，まちづくりや人づくりという観点から，教育委員会という枠を超えて，総合行政の中で，市長主導で，その責任の下に行うことを原則とすべき」としている。近年では，全国知事会地方分権推進特別委員会「今後の義務付け，枠づけの見直しに向けた提案事項」(2012年) において，「既に首長が行うことができる文化に関する事務と関連する図書館，博物館等社会教育に関する業務について，地域の実情に応じ，首長の下での一元的な事務の実施を可能とすべき」とし，教育委員会と首長部局の権限配分は，自治体の自主性に委ねることを提案している。

このように自治体の首長からの要望や意見などでは，多方面からの総合的な対応が必要なこと，総合行政のなかで首長が主導し責任をもつほうが施策実現を図りやすいこと，生涯学習・社会教育などは教育委員会が所管しなければならない強い理由がないことなどの主張が論点となっている。

② 社会教育行政の継続・充実を求める見解―各種審議会等の答申など

　1998（平成10）年の生涯学習審議会答申「社会の変化に対応した今後の社会教育行政の在り方について」では，「社会教育における中立性の確保はきわめて重要であり，その行政の執行にあたっても，特定の党派的，宗派的影響力から中立を確保する必要がある。（中略）社会教育行政は，首長から独立した行政委員会である教育委員会が所管している」とし，教育の中立性の観点から，教育委員会の所管となっている背景を示している。また，2005（平成17）年の中央教育審議会教育制度分科会地方教育行政部会の部会まとめでは，「学校教育及び社会教育に関する事務は，引き続き教育委員会が担当するものとして存置すべき」とし，社会教育は学校教育と同様，教育委員会において所管するという方向が示されている。ただし，文化，スポーツに関する事務については，地方自治体の実情や行政分野の性格に応じ，自治体の判断で首長が担当することを選択できるようにすることを検討すべきとし，文化・スポーツ分野の所管については弾力的な扱いが可能となるような検討が必要であることを提言している。

　その後，2007（平成19）年の中央教育審議会答申「教育基本法の改正を受けて緊急に必要とされる教育制度の改正について」において，これまでとは異なる方向性が示されることとなった。同答申では，教育委員会の役割の明確化を図ること，それぞれの地域の実情に合わせた弾力的な運用が可能となるよう制度改革を図ることを目的に，教育委員会の所掌事務のうち，文化（文化財保護を除く），スポーツ（学校における体育を除く）に関する事務は，地方自治体の判断により，首長が担当できることが示された。2013（平成25）年に出された第6期中央教育審議会生涯学習分科会における議論の整理でも，社会教育行政は教育委員会が所管するものの，文化，スポーツ，生涯学習支援（学校教育・社会教

育を除く）は首長が担当することができることを選択可能とする方向を打ち出している。

このように，社会教育行政が扱ってきた分野を首長部局に移管できる可能性が広がり，権限分担の弾力化が進んできたといえる。

しかし，これまでの各審議会等答申では，政治的な中立性，長期的な視点に立った施策立案のための安定性・継続性が求められることを理由に，社会教育行政の所管は教育委員会という方向性を一貫して示している。

③ 関係法令による社会教育行政の位置づけ

地方自治法では，教育委員会の職務として「教育委員会は，別に法律に定めるところにより，学校その他の教育機関を管理し（中略）並びに社会教育その他教育，学術及び文化に関する事務を管理しこれを執行する」（第180条の8）としており，社会教育は教育委員会が所管することを規定している。また地方教育行政の組織及び運営に関する法律（以下，地教行法）では，教育委員会は，地方公共団体が処理する教育に関する事務として「青少年教育，女性教育及び公民館の事業その他社会教育に関すること」（第21条第12号）を管理・執行すると規定している。このように法制度上は，社会教育行政は教育委員会が所管することとなっている。

ただし，地教行法では，スポーツに関すること（学校における体育に関することを除く）と文化に関すること（文化財の保護に関することを除く）については，条例の定めるところにより，当該地方公共団体の長が管理し執行することができる（第23条の2）としている。また，社会教育に関する事務は，教育委員会が所管することになっているものの，補助執行（法律上の権限は変更せずに，ある行政機関の事務をほかの行政機関が補助して執行する）という形態によって，教育委員会が所管する特定分野については，首長部局が行うことが可能となっている。

以上のように，法令上は社会教育に関することは教育委員会が所管することが原則となっているものの，社会教育行政が所管する分野・事務の取り扱いは弾力的となっている。

すでに述べてきた観点以外に，教育委員会が社会教育を所管する理由として，

教育行政を推進するために社会教育と学校教育との連携の必要性がある。

　学校と地域が連携・協力し，子どもたちの教育に地域ぐるみで取り組むことにより，子どもたちの成長を支援するとともに，そうした活動は，地域住民の自己実現や地域貢献にもつながる。教育基本法には，「学校，家庭及び地域住民等の相互の連携協力」(第13条)が規定されており，社会教育法においても，国および地方公共団体の任務として，「学校教育との連携の確保に努め」ること，「学校，家庭及び地域住民その他の関係者相互間の連携及び協力の促進に資することとなるよう努める」こと(第3条)が示されている。社会教育が教育委員会の所管であるからこそ，学校教育との連携を円滑に図ることができるといえる。実際これまでに，学校・家庭・地域の連携の促進，学校を核とした地域活性化，学校施設を活用した社会教育事業の実施など，学校教育と社会教育とが連携し取り組んできた実績がある。具体的には，文部科学省事業である「学校支援地域本部」[1]や「放課後子供教室」[2]などの事業が，社会教育と学校教育との連携・協働により進められてきた。

　また，社会教育行政は，これまで学びをとおした人づくりに取り組んできており，社会教育行政には人づくりのプロセス，ノウハウ，知見が蓄積されている。現在，各地域の実態や課題をふまえた地域づくりが求められており，社会教育が蓄積してきた地域課題解決のための学びの場づくり，実践化へ向けた組織化支援や地域住民の意欲向上の仕掛けなどが活用されている。

　このような社会教育がもつ人づくりのさまざまなノウハウや手法の蓄積，関係団体や地域人材とのネットワークの構築は，社会教育行政が教育行政のなかにあって「教育」という営みを大切にしてきたからこそであり，一般行政にあっては蓄積がむずかしい。なぜなら，一般行政では，喫緊の課題解決に向けた施策・事業を展開する傾向が強く，短期間で方針や施策・事業が変わることがあるからである。また，施策・事業の成果を短期間で求めるため，即効性のある取り組みが展開されがちになる。さらに，そのときの首長の考えや判断によって，施策・事業が変わることもあり，継続した取り組みになりにくいことも考えられる。

こうしたことからも，社会教育行政は教育委員会という首長部局から独立した行政組織が所管することに意義があるのであろう。

2　生涯学習振興行政と社会教育行政

(1) 生涯学習振興行政

　1965 (昭和40) 年にユネスコの成人教育推進国際委員会において「生涯教育」が教育・学習のすべてを含む総合的な概念として提案された。わが国では，1981 (昭和56) 年の中央教育審議会答申「生涯教育について」において，「生涯学習」の考え方が取り上げられ，生涯学習を「各人が自発的意思に基づいて行うことを基本とするものであり，必要に応じ，自己に適した手段・方法は，これを自ら選んで，生涯を通じて行うもの」と定義している。1984～1987 (昭和59～62) 年にかけて設置された臨時教育審議会の4次にわたる答申では，「生涯学習体系への移行」「個性重視の原則」「変化への対応」を教育改革の3つの基本理念として提言し，この考え方は，1990 (平成2) 年の中央教育審議会答申「生涯学習の基盤整備について」にも引き継がれ，生涯学習を振興するために国や地方公共団体に期待する役割を「人々の学習が円滑に行われるよう，生涯学習の基盤を整備して人々の生涯学習を支援していくこと」とし，具体的施策として，生涯学習の推進体制や地域における生涯学習推進の中心的機関などの整備を示している。

　生涯学習振興と教育委員会との関連については，1992 (平成4) 年の生涯学習審議会答申「今後の社会の動向に対応した生涯学習の振興方策について」において，生涯学習の振興のためには，とくに都道府県や市町村の役割が大きいとし，教育委員会が生涯学習振興において中核的な役割を果たすことが期待されるとしている。また，1996 (平成8) 年の生涯学習審議会答申「地域における生涯学習機会の充実方策について」のなかでも，多様化・高度化する学習ニーズへの対応として，教育委員会やほかの行政部局で行われている各種の事業を実施する際に，学習者の視点に立って行政部局間の連携・調整を図ることが必要

であり，そのために教育委員会が積極的な役割を果たすことが期待されるとしている。これらの答申において，生涯学習振興の中核を担うのは教育委員会ということが整理されたといえよう。

さらに，2008（平成20）年の中央教育審議会答申「新しい時代を切り拓く生涯学習の振興方策について〜知の循環型社会の構築を目指して〜」では，生涯学習振興行政と社会教育行政の基本的な考え方とともに，それぞれの役割や担う領域，両者の関係性を整理している。同答申では，生涯学習振興行政を生涯学習の理念に則って，その理念を実現するための施策を推進する行政としている。生涯学習振興行政に関する施策は，社会教育行政や学校教育行政によって個別に実施される施策だけでなく，首長部局において実施される施策などにも広がっている。これらの分野ごとの施策において，それぞれ生涯学習の理念に配慮し各施策を推進するだけでなく，その全体を総合的に調和・統合させるための行政が生涯学習振興行政の固有の領域としている。

このように，生涯学習振興行政は生涯学習の理念を実現するという目的のもと，生涯学習にかかわる各施策・事業を全体として整理し，まとめたり，調整したりすることによって生涯学習の振興に必要な体制の整備，施策・事業を効果的に実施するための行政といえよう。

(2) **生涯学習振興行政と社会教育行政との関連性**

社会教育活動は，すべての世代を対象にした多様で幅広い活動であることから，社会教育活動のなかで行われる学習活動が生涯学習活動の中心的な位置を占めている。こうしたことから，社会教育行政は，生涯学習社会の構築に向けて中核的な役割を果たすことが求められてきた（生涯学習審議会答申「社会の変化に対応した今後の社会教育行政の在り方について」1998年）。同答申では，生涯学習振興行政の中核として社会教育行政を位置づけ，学校教育や首長部局と連携して推進する必要があることを示している。さらに，2008（平成20）年の中央教育審議会答申「新しい時代を切り拓く生涯学習の振興方策について〜知の循環型社会の構築を目指して〜」においても，社会教育行政は生涯にわたる「時間

軸」と社会に存在する多様な「分野軸」の双方から，学校教育を除いたあらゆる組織的な教育活動を対象としており，生涯学習振興行政において中核的な役割を担うことを期待している。

　生涯学習振興行政の中心的な役割は教育委員会にあるものの，どの部署が担うのかについては明確にされてこなかったが，上記の答申などにおいて社会教育行政がその中核となることが明確に示されたといえよう。

(3) 地方公共団体における生涯学習・社会教育担当部課の設置状況

　表2.1 は，2002（平成14）年度と 2014（平成26）年度の都道府県・市町村における生涯学習・社会教育担当部課の状況を比較したものである。2014（平成26）年度には，生涯学習・社会教育担当部課が教育委員会のみに設定されているのは 22 県（46.8%），1526 市町村（88.7%）となっている。市町村では，教育委員会にのみ設置されている割合が高いが，都道府県，市町村とも生涯学習・社会教育担当部課を教育委員会と首長部局に設置している割合が増えてきている。

　表2.2 は，2014（平成26）年度に生涯学習・社会教育担当部課が，教育委員会と知事部局の両方に設置されている 25 都道府県の状況である。17 都道府県においてスポーツや文化に関することを知事部局で所管し，10 府県において，

表 2.1　地方公共団体における生涯学習・社会教育担当部課の設置状況

		自治体数	教育委員会にのみ設置	首長部局にのみ設置	教育委員会と首長部局の両方に設置	教育委員会にのみ設置している割合
都道府県	2014	47	22	0	25	46.8%
	2002		40	0	7	85.1%
政令指定都市	2014	20	0	1	19	0.0%
	2002	12	11	0	1	91.7%
市町村	2014	1,721	1,526	47	148	88.7%
	2002	3,177	3,065	25	87	96.5%

出所：文部科学省「平成14年度生涯学習・社会教育振興施策に関する基礎資料」「平成26年度生涯学習・社会教育振興施策に関する基礎資料」をもとに作成

生涯学習の振興に関することを知事部局が所管している。

こうした動きは，都道府県の範囲において生涯学習・社会教育の分野・領域が多方面にわたっているがゆえに，単独の部課では予算的・人的に適切な執行がむずかしいこと，スポーツや文化そのものが幅広い枠組みであることなどがその要因だと考えられる。また，スポーツ行政や文化行政が教育だけにとどまらないため，教育行政の範疇を超えて一般行政が所管する自治体が増えてきていると考えられる。最近では，佐賀県のように社会教育所管部署が教育委員会から知事部局（くらし環境本部文化・スポーツ部まなび課）に移管されるような社会教育行政全般が首長部局の所管となる動きも出始めている。

市町村でいち早く生涯学習・社会教育に関する業務を首長部局に移管し，教

表2.2　知事部局における生涯学習・文化・スポーツ担当部課の設置状況

	都道府県	生涯学習の振興	文化	スポーツ	青少年育成
1	北海道		○	○	
2	福島県	○	○	○	
3	群馬県		○	○	
4	東京都		○		
5	神奈川県		○		○
6	新潟県		○	○	
7	福井県		○		
8	山梨県	○	○		
9	長野県				○
10	岐阜県	○			
11	三重県	○			○
12	滋賀県				○
13	京都府	○	○		
14	大阪府	○	○		
15	兵庫県	○			
16	奈良県			○	
17	和歌山県				○
18	鳥取県			○	
19	愛媛県		○	○	
20	福岡県	○			
21	佐賀県	○			
22	長崎県		○	○	○
23	大分県		○		○
24	宮崎県		○		○
25	鹿児島県		○		○

出所：文部科学省「平成26年度生涯学習・社会教育振興施策に関する基礎資料」をもとに作成

育委員会を学校教育に特化させたのが島根県出雲市である。同市では，2001（平成13）年4月に教育委員会から生涯学習，文化振興，スポーツ振興などを市長部局で補助執行することとし，担当する部署を市長部局に移管した。その背景として，同市では，①学校における課題が山積していること，②教育委員会の所管が広すぎるため，密度の濃い学校教育行政を遂行できないこと，③教育委員会には，予算編成権，条例制定権がなく，主体的な教育施策の展開に限界があること，④文化，スポーツ，生涯学習の分野は，総合的な市政のなかで一元的，弾力的，効率的に執行することが適当であること，をあげている。

同市では，社会教育の分野を首長部局において補助執行していることについて，「社会教育，芸術文化，文化財及びスポーツ行政については，市民の多様なニーズを受け止め，総合的な市行政の中で弾力的・効率的に執行できる体制となり，市民の期待に応えた行政サービスを提供している」と評価している[3]。

以上のように，生涯学習振興行政の中核として生涯学習にかかわる施策・事業を効果的に調整する役割を期待されてきた社会教育行政ではあるが，自治体の実態や行政組織編制の考え方などに応じて，その所管や所掌事務は多様化してきている。

3 社会教育行政と一般行政との連携

(1) ネットワーク型行政と社会教育行政

1998（平成10）年の生涯学習審議会答申「社会の変化に対応した今後の社会教育行政の在り方について」では，生涯学習社会におけるネットワーク型行政の必要性に言及しており，「生涯学習社会においては，人々の学習活動・社会教育活動を社会教育行政のみならず，様々な立場から総合的に支援していく仕組み」をネットワーク型行政と定義している。ここでいうネットワーク型行政とは，人々の生涯学習を支援するために行政機関間や行政機関と民間機関などの間でネットワークを形成するような行政のこと[4]であり，生涯学習を推進するための多様な主体間の連携体制といえる。

社会教育行政が多様化する学習活動や学習ニーズに応えるためには，社会教育行政単体ではなく多様な機関で多様な形・質・量・段階の連携が必要となってくる。また，行政各部局の事業や民間・企業・NPOなどの活動が個別に実施されるだけでなく，こうした多様な活動を連携させ，ネットワークを活用することにより，学習ニーズや行政ニーズに対応した幅広い学習活動の実施が可能となる。

　さらに，2008（平成20）年の中央教育審議会答申「新しい時代を切り拓く生涯学習の振興方策について～知の循環型社会の構築を目指して～」においては，社会教育行政がネットワーク型行政を構築するために，学校，高等教育機関，社会教育関係団体，民間事業者，NPO，生涯学習関連施設，市町村，首長部局などとの連携による新たなパートナーシップを形成する必要があるとともに，目標を共有化したネットワークを充実していくことを提言している。

　ネットワーク型行政は，社会教育行政，首長部局，大学等，民間団体，企業などと連携するだけでなく，地域住民とも一体となって協働して取り組みを進めていくしくみであり，生涯学習振興行政を推進するための連携・協働の質・範囲ともに実質的で広がりのある行政形態といえよう。

(2)　**社会教育行政の課題とネットワーク型行政**

　生涯学習を進めるうえで，さまざまな機関等が提供している学習機会の整理・統合などにより，より効果的な事業実施をするために関係機関間の連携を図ること，地域教育力の向上を図るうえで，多様な地域課題に応じた機能をもつネットワークを構築するため，行政機関間はもとより，大学・NPO・企業・民間事業者との連携を図ることなどがネットワーク型行政の必要性として指摘されてきた。しかし，こうしたネットワーク型行政が進んできたかといえば，学校教育と社会教育との連携は具体的な施策とともにかなり進んできたものの，多様な主体との連携・協働は広がりがみられていないという現状がある。

　こうした現状をふまえ，生涯学習振興行政やネットワーク型行政の中核としての役割を期待されてきた社会教育行政の課題を整理し，新たな方向性を示し

たのが，2013（平成25）年1月に出された第6期中央教育審議会生涯学習分科会における議論の整理（以下，議論の整理）である。議論の整理では，社会教育行政がかかえる課題を地域コミュニティの変質への対応，多様な主体による社会教育事業の展開への対応，社会教育の専門的職員の役割の変化への対応として整理し，こうした課題に対応する社会教育行政の取り組みの方向性として，ネットワーク型行政の推進による社会教育行政の再構築を提言している。社会教育行政が所管する分野・予算の範囲内にとどまる限定的な施策・事業を展開することを社会教育行政の「自前主義」とし，その「自前主義」からの脱却を図り，関係行政部局に対して，自ら積極的に効果的な連携を仕掛けていき，協働して施策を推進するネットワーク型行政の推進がますます重要となっているとしている。

また，これまでの多様化する学習活動や学習ニーズへの対応だけではなく，行政内部の連携にとどまらない，大学，民間，NPO，地域住民などとの連携・協働や，連携を通して各部局でめざすべき目標像の共有化，予算の活用などをめざすことも強く打ち出している。

つまり，生涯学習社会を構築するという社会教育行政の役割に加え，地域住民の絆づくり，地域コミュニティ形成，地域課題の解決という具体的な課題に向かうために，地域の多様な主体との連携・協働を図るネットワーク型行政を推進することが社会教育行政には求められているということであろう。

加えて，ここでいうネットワーク型行政は，これまでの連携の枠を超えた質・範囲ともに広範囲にわたる概念だとすれば，社会教育行政そのものがネットワーク化に対する認識やしくみづくりの手法を見直していく必要があるであろうし[5]，社会教育行政がネットワーク型行政の何をどこまで担うのかについても明らかにしていく必要があろう。

(3) 一般行政との連携推進を図るうえでの課題

現在，社会教育行政をはじめ行政において，「連携」のない施策・事業はありえず，いかに関係部局・機関などと連携を図り，効率的で効果的な事業を展

開するかが課題となっている。なぜなら，行政が対応しなければならない地域課題や行政課題は多様化してきており，1つの部課だけではその解決に向けた行政サービスの提供や有効な事業の実施がむずかしいからである。そこで，行政特有の縦割りの壁をできるだけなくし，各行政部課のもつ専門性，予算，職員を十分活用し，連携・協働することが求められている。なかでも労働行政，福祉行政など各種の行政において，教育的機能あるいは配慮を伴う分野が増大していること，そうした活動が社会教育に影響を与えることから，とくに社会教育行政と関連行政との緊密な連携を図ることが重要となっている。

いっぽうで，多様化する地域課題や行政ニーズへの対応の必要から，一般行政でも学習支援を担うようになり，教育行政だけが学習支援や組織化支援を担っているとはいえなくなってきている。たとえば，地域振興，福祉，観光などの行政分野においても，地域づくりのリーダー育成，地域の歴史・文化に関する学習をふまえた観光ボランティアの養成，ワークショップによるまちづくりビジョンの策定や観光資源の掘り起こし，地域資源に関する学習活動の成果を生かした商品開発など，これまで社会教育行政が担ってきた社会教育活動と一見同様な活動が一般行政でも行われている。

こうした状況のなかで，社会教育行政はネットワーク型行政の中核となってさまざまな主体をつなぎ協働を進めることができるのだろうか。また，ネットワーク型行政の核となりうるだけの存在価値を提示できるのだろうか。

そのためには，社会教育行政の果たしてきた役割とともに社会教育行政の「独自性」と「コーディネート機能」をいま一度明確にし，行政内部だけでなく関係機関・団体・住民らに丁寧に説明していく必要があろう。

社会教育の役割として，①住民同士が学び合い，教え合う相互学習を通じて，人々の教養の向上，健康の増進などを図り，人と人との絆を強くする，②地域住民の自立に向けた意識（自助）を高め，協働による地域づくりの実践（互助・共助）に結びつけていく，ことがあり，社会教育行政はこうした社会教育が活発に行われるよう環境を醸成してきた。学びをとおした人づくりは社会教育行政がその推進の中核にあって人々を支援し環境整備をしてきたといえる。2011

(平成23)年の東日本大震災以降,人と人とのつながり・支え合い・連帯感の重要性が改めて注目されている。社会を構成する私たち「個人」は一人では生きていくことはできない。人と人とをつなぐ,人と地域をつなぐという取り組みは,社会教育行政が地道に取り組んできた分野である。とくに,人口減少に転じたわが国では,持続可能な地域づくりが大きな課題となっている。こうした課題解決のためにも,社会教育行政における自立した個人・地域づくりを進める「人づくり」のための環境整備や支援方法は,社会教育行政の「独自性」として重要であり,一般行政部局にはない強みといえよう。

(4) 社会教育行政と一般行政との連携を推進するための視点

連携を進めるために必要となる視点は,4点に整理できる。

① 目的・目標・プロセスの共有化

連携する主体間でなんのために連携を図るのかという目的を明確にし共有する必要がある。目的とは,「めざす的(まと)」であり,めざす社会像,地域像,住民像を具体化したものである。この目的を達成するために,段階をおった到達点(目標)を設定し,目的に向けて施策や事業の進捗状況を管理・評価することが重要である。首長部局,民間企業,NPOなどの主体と,何をめざしているのか,連携の意義は何か,連携したことによる成果は何かなどを可視化し共有する必要がある。また,目標を達成するためのプロセスと手法についても,主体間での共通理解が必要となる。社会教育事業の特徴は,決まったかたちがなく,相互学習,学び合い,交流という多様な場を設定している。ゆえに,連携・協働を図る主体間で,目的を達成するまでに,どのようなプロセスをたどり,そのためにどのような手法を用いるのかを常に確認し共通理解しておく必要がある。

② 責任と役割の明確化

各組織らの主体性や自律性がないまま連携によって,利益(メリット)を享受しようとしたり,その組織の弱みを補完したりするために連携を活用することがある[6]。このような連携では,各主体の参画意識が十分とはいえず,望まし

い効果をあげることがむずかしい。また，予算や人員の負担範囲について合意しておかなければ，当事者意識も低くなる。そこで，目的を達成するための連携を効果的なものにするために，連携に参画している主体の責任の範囲および役割を明確にしておくことが重要となる。参画する主体が相互にどこまでかかわるのか，連携のしくみや協働事業のなかでどのような出番・役割があるのか，またはどのような出番・役割なら責任を果たすことができるのかを明確にしておく必要がある。

③ 情報・専門性・人材の活用

連携は，不足部分を補完するためではなく，各主体の強みを出し合い，それを活用することで1＋1が2ではなく3にも4にもなる。ここでいう強みとは，各主体がもつ情報，専門性，人材のことである。行政の各部署には，所管する分野の各種情報が集積され整理されている。また，部署ごとにほかの部署にはない専門性や人材を有している。いっぽう，企業やNPOなどには，地域の実態や住民のニーズに関する情報の蓄積，関係組織や団体とのネットワークがある。各主体が，どのような情報，専門性，人材を有しているのかを可能な範囲で共有することで，連携・協働できる施策・事業の質・範囲ともに広がりがでる。また，行政組織などの内部でとどまっていた情報・専門性・人材を活用できるように整理することによって，その価値を再認識する場ともなるであろう。

④ 社会教育主事によるコーディネート

社会教育行政には，専門的教育職員として社会教育主事が配置されており，これまでも一般行政部局や多様な主体との連携を図る調整役を担ってきた[7]。連携相手の主体性や専門性を生かし，効果的なネットワークを形成することができる社会教育主事の役割や職務を改めて明確にし，連携の要として位置づけることにより，社会教育行政のコーディネート機能を活用することも必要であろう。

4 社会教育行政と一般行政との連携の新たな可能性

　社会教育行政と一般行政との連携の推進を図る場として期待できるのが2015（平成27）年の地教行法改正による新しい教育委員会制度であろう。平成に入って以降，国と地方との関係を見直し地方分権を進める動きが活発化しており，地方分権の推進および地方の主体性・自立性を高めるための動きの1つとして，教育委員会制度のあり方についても法改正が行われてきた。1999（平成11）年の地方分権一括法によって地教行法が改正され，教育長を任命する際の承認制の廃止[8]など，地方自治体独自の取組を認めていくこととなった。その後も何回か地教行法が改正され，2008（平成20）年の改正では，教育委員会のなかで社会教育行政が所管していた「文化」「スポーツ」に関する事務は，条例によって首長が執行することが可能となった。

　そして，2015年の地教行法の改正では，教育委員長と教育長を一本化した新「教育長」の設置，教育長へのチェック機能の強化と会議の透明化，すべての地方公共団体に「総合教育会議」を設置，教育に関する「大綱」を首長が策定という4つの点についての改革が図られた。なかでも首長と教育委員とで構成する総合教育会議では，首長が公の場で教育政策について議論することが可能となるだけでなく，両者が教育政策の方向性を共有し，一致して執行にあたることも可能となる。こうした機会において，社会教育行政の取り組みや成果を首長とも共有することによって，社会教育行政と首長部局との施策・事業の連携・協働が進むと考えられる。また，教育に関する「大綱」は，総合教育会議において首長と教育委員会が協議・調整したうえ，首長が策定するものである。こうした教育に関する「大綱」にも，社会教育行政の方向性や連携の主体としての役割を明示するような働きかけを行うことにより，行政内部での社会教育行政の役割やミッションを改めて示すことにもつながるであろう。

　今日，人口減少へ対応し地方への人の流れをつくるために，国は「ひと・まち・しごと創生法」を制定し，地方自治体においても総合戦略の策定をはじめとして地方創生の取り組みが動き出している。人口減少への対応，地方への人

の流れづくり，地域の特性を生かし安心して暮らせる地域づくりなど，行政がきっかけをつくるとしても，実際にそうした取り組みを進めるのは，その地域に住む「人」である。住民一人ひとりが，地域づくりを担う当事者としての意識を高め，地域課題の解決に向けてお互いに協働しながら動きだすことが求められている。こうした人づくりを進めるための支援をしてきたのが社会教育行政である。今後，地方自治体の首長部局では，地方創生につながるさまざまな施策を立案し予算を確保していくこととなる。しかし，そうした施策や事業を地域のために具現化・実践化しようとする人がいなければ意味がないものとなる。総合教育会議の場では，地域の活性化につながる有効な取り組みが各地で進むように，「地域づくりを担う人づくり」を担ってきた社会教育行政の役割を改めて示し，社会教育行政が担う「人づくり」と，首長部局が担う「地域振興」との連携・連動を図っていくことが必要となろう。　　　　　（山本　芳正）

● 注 ・・・・・・・・・
1) 地域住民がボランティアとして，学校の教育活動を支援するしくみのこと。地域住民と学校をつなぐコーディネーターを配置しているところもある。たとえば，授業における学習支援（授業補助，教員補助），部活動支援（指導補助），環境整備（図書室や校庭等の整備），登下校の見守りなどがある。文部科学省が 2008 年度から進めている。
2) 文部科学省では，2007 年度から放課後や週末などに小学校の余裕教室や公民館などを利用して，子どもたちを対象として，学習，スポーツなどのさまざまな体験活動を提供する取り組みを推進している。
3) 出雲市『教育委員会の事務の管理執行状況の点検・評価報告書』2008 年，p.1 において，「教育委員会の事務のうち，生涯学習，芸術文化，文化財及びスポーツの部門については，市長部局の職員が補助執行しており，生涯学習，芸術文化，文化財及びスポーツ行政については，市民の多様なニーズを受け止め，総合的な市行政の中で弾力的，効率的に執行できる体制となり，市民の期待に応えた行政サービスを提供している」としている。
4) 井内慶次郎・山本恒夫・浅井経子『改訂社会教育法解説』財団法人全国社会教育委員連合，2008 年，pp.117–118 ではネットワークを教育・学習関連機関，施設，団体などの間で緩やかな関係が形成されていることとし，ネットワーク型行政を人々

の生涯学習を支援するため行政機関間や行政機関と民間機関などの間でネットワークを形成するような行政として整理している。
5) 松岡廣路は，社会教育行政には，他セクターの自立性を尊重しつつ，協力関係を築くことが求められており，こうした他セクターとのパートナーシップは，きわめて重要な姿勢として指摘している。松岡廣路「社会教育における連携を考える視座」鈴木眞理・山本珠美・熊谷愼之輔編著『社会教育計画の基礎　新版』学文社，2012年，pp.144-145.
6) 鈴木眞理は，独力での活動が困難であるから連携を志向するということが往々にしてあり，それは連携の本来の意味ではないことを指摘している。鈴木眞理「社会教育における地方公共団体と関係機関・団体等の連携の意義」国立教育政策研究所社会教育実践研究センター『社会教育における地方公共団体と関係機関・団体等の連携方策に関する調査研究報告書』2009年，p.57.
7) 中央教育審議会答申『新しい時代を切り拓く生涯学習の振興方策について～知の循環型社会の構築を目指して～』(2008年)では，社会教育主事の具体的な役割や機能の1つとして，関係者・関係機関との広域的な連絡・調整をあげるとともに，関係者の具体的な活動を触発していくコーディネーターとして積極的な役割を果たすことを期待している。
8) 1999年改正の地方教育行政の組織及び運営に関する法律では，それまで都道府県教育長の任命にあっては文部大臣の承認が，市町村教育長の任命にあっては，都道府県教育委員会が承認するという教育長の任命承認制度が廃止され，地方自治体の責任において教育長を任命することとなった。

第3章
社会教育と学校―制度的関係

1　学社連携・学社融合論の提起

　生涯学習をめぐる議論のなかにおいて，家庭や地域など学校外の教育と，学校教育との有機的な連携の重要性が指摘されてきた。なかでも「学社連携」や「学社融合」と呼ばれるような考え方が提起され，学校教育と社会教育，あるいは学校と地域社会との連携協力に向けた取り組みが積極的に進められてきた。

　わが国の近代教育制度の整備・進展の過程において，学校教育と社会教育は，地域社会に同じ根をもつ連続した営みであった。しかし，第二次世界大戦後，とくに高度経済成長期になると，経済的資源として人間の能力を開発する学校教育機能への期待が高まっていった。その一方で，社会教育については，都市化やモータリゼーションによってその基盤である地域社会が急速に衰退していった。

　こうした学校教育と社会教育との乖離という状況が問題視されるようになるなか，1974（昭和49）年の社会教育審議会の建議，「在学青少年に対する社会教育の在り方について――家庭教育，学校教育と社会教育との連携」[1]においては，学校教育にかけられていた比重の見直し，社会教育・家庭教育・学校教育の三者が有機的な関連をもったかたちへの転換が提起された。この時期における「生涯教育」概念の移入もあって，学校教育と社会教育とがそれぞれ独自の教育機能を発揮し，相互に足りない部分を補完しながら協力しようという「学社連携」の考え方は，学校開放による地域住民の学校施設供用や学校による社会教育施設の活用といった施設の相互利用を通じて展開していった。

　さらに，1990年代のなかごろには，より踏み込んだ連携協力をねらいとする「学社融合」という新しい概念が登場した。1996（平成8）年の生涯学習審議

会答申「地域における生涯学習機会の充実方策について」[2)]においては,「学社連携」という考え方が相互に独立したものどうしの連携を意図していたことが反省され,社会教育と学校教育とを一体となって進めていく「学社融合」の考え方が掲げられている。

これらの活動の具体例としては,社会教育施設を活用した校外学習や地域住民の力を活用した学習指導などがあるが,「連携」なのか「融合」なのかを区別することは困難な場合も多く,むしろ両者は連続的な概念であるともいえよう。いずれにせよ,「学社連携」や「学社融合」という考え方は,本来,学校教育と社会教育のそれぞれ立場から,単独では取り組むことができない問題に対し,互いの協働を通じて創造的な解決に導くことが期待されているものである。

しかし,こうした肯定的な意見の一方で,学校教育と社会教育との現実的なちがいに鑑み,その実現に困難がつきまとっていることも指摘されている。すなわち,学校教育は制度的な基盤が強く,予算執行も含めて義務的に行われる事項が多いが,社会教育は「当該地方の必要に応じ,予算の範囲内において」(社会教育法第5条)という制約の下で取り組まれている。このように,学校教育と社会教育とでは,資源という観点からみた場合の圧倒的な差が存在しているため,とても「車の両輪」とはなりえないのではないかという批判がある。

2000年代以降になると,学校教育に関する改革が相次いで行われた。2000 (平成12) 年には学校評議員制度が導入され,2002 (平成14) 年には学校週5日制の完全実施[3)],学習指導要領の改訂に伴う「総合的な学習の時間」の導入,2004 (平成16) 年には学校運営協議会制度が導入されている。この時期は,「生きる力」が強調されつつも,「ゆとり教育」の帰結として「学力低下問題」が指摘・批判の対象とされ,学校教育への偏った注目が社会的に広がった時期でもあった。こうしたなかで,学社連携・学社融合の考え方に対しては,学校教育への社会教育の従属化,社会教育の周辺化という批判もされることとなった。

しかし,相次ぐ改革にもかかわらず,学校教育サイドからは,少子高齢化,高度情報化,グローバル化などの急速な進展によって社会が大きく変化し,こ

れまで盤石であると思われていた学校教育自体が変化を余儀なくされているという窮状もうかがえる。実際，学校だけでは解決できない多くの問題に直面するなかで，学校外の教育資源に支援を求めるかたちで制度改正や新規事業の立ち上げが進められている。これはいわば，学校教育から社会教育への歩み寄りともみることができよう。こうした状況の下，これまでとは異なるかたちでの「学社連携」「学社融合」の動きが展開されつつあるとみることができる。

2 学校教育と社会教育との関係の制度化

(1) 学校評議員

「学社連携」「学社融合」という概念が提起される一方，1990年代になると，学校教育のなかからも，地域社会との連携・協力の必要性が強く指摘されるようになった。1998（平成10）年9月21日の中央教育審議会答申「我が国の地方教育行政の今後の在り方について」[4]においては，地域社会に開かれた学校づくりを一層推進していくため，保護者や地域住民などの相互の意思疎通や協力関係を高めることが必要であるとされた。この答申を受け，2000（平成12）年1月に学校教育法施行規則が改正され，学校評議員制度が導入された。

学校評議員制度は，地域に開かれた学校づくりを一層推進していくため，学校が保護者や地域住民などの意見を聴取し，相互の意思疎通や協力関係を高める効果が期待されるしくみである。同制度の導入によって，各学校には，学校の設置者（教育委員会，学校法人，国立大学法人など）の定めるところにより，学校評議員をおくことができることとなった。学校評議員は，校長の求めに応じ，学校運営に関して意見を述べることができることとされ，その委嘱は，当該学校の職員以外の者で教育に関する理解および識見を有する者のうちから，校長の推薦により，その学校の設置者が行うとされている。各学校評議員は個々の責任において意見を述べることができるが，一般的には，学校評議員が一堂に会する「学校評議員会」を年に複数回開催するという運用が行われている。

2007（平成19）年には，学校教育法および同法施行規則が改正され，学校評

価と学校の積極的な情報提供についての規定が新設された。学校評議員は，制度上，新たに各学校において求められることとなった学校評価と情報提供の取り組みにも機能を発揮するようになり，2012（平成24）年3月時点で，全国の公立学校の80.1％において設置されている[5]。

(2) 学校運営協議会

「開かれた学校」という動きは，単に学校の透明性を高めることにとどまらず，さらに学校の運営を地域に開放し，保護者や地域住民による学校運営への参画を促す機運につながっていった。1990年代末には，欧米諸国における学校評議会・学校理事会などの取り組みが紹介され，保護者や地域住民などが公立学校の運営に積極的にかかわる取り組みについて注目されるようになった。

2000（平成12）年12月に取りまとめられた「教育改革国民会議報告—教育を変える17の提案—」では，地域の信頼に応える学校づくりを進めるために「新しいタイプの学校（"コミュニティ・スクール"など）の設置を促進する」ことが提案された。これを受けて，政府において新しい学校運営のしくみについて検討されることとなった。

この動きには，当時の小泉政権が推進した「規制改革」の影響もあった。つまり，公立学校という従来の「規制」を撤廃し，その運営を民間（ここでは保護者や地域社会）に開放していこうという主張である。2001（平成13）年12月の総合規制改革会議提言，2002（平成14）年3月に閣議決定された規制改革推進3カ年計画（改定）では，コミュニティ・スクール導入のための実践研究の推進が決定された。同年4月に文部科学省が「新しいタイプの学校運営に関する調査研究実践事業」を開始すると，同年11月から翌2003（平成15）年11月までの構造改革特区第2～4次提案において地方からもコミュニティ・スクールの制度化について提案があがった。同年12月には中央教育審議会において，「地域運営学校（コミュニティ・スクール）」の意義や制度のあり方について中間報告が行われると，同月には総合規制改革会議に関する第3次答申のなかでコミュニティ・スクールの法制化について提言された。そして，2004（平成16）年3

第 3 章　社会教育と学校—制度的関係　　43

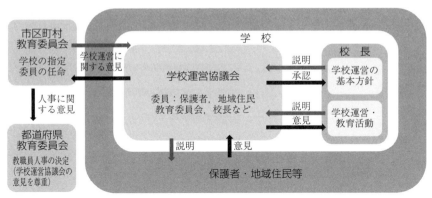

図 3.1　コミュニティ・スクールのイメージ
出所：文部科学省ホームページ

月に中教育審議会答申「今後の学校の運営の在り方について」が取りまとめられたのを受け，同年の第 159 回通常国会に法案が提出され，国会審議を経て同年 6 月に成立し，同年 9 月から施行された。

　こうして導入されたコミュニティ・スクールであるが，制度上，正確には，「学校運営協議会」がおかれた公立学校のことをさす。学校運営協議会とは，公立学校の設置者である教育委員会の判断によって設置することができるとされている合議体であり，設置者（教育委員会）が任命する保護者や地域住民などによって構成される。学校運営協議会の主な役割としては，①校長の作成する学校運営の基本方針を承認すること，②学校運営に関する意見を教育委員会または校長に述べること，③教職員の任用に関して教育委員会に意見が述べられることの 3 つがある。これらの活動を通じて，保護者や地域住民の意見を学校運営に反映させることが期待されている。

　コミュニティ・スクールは，制度導入以来，全国各地で導入の動きが進み，2015（平成 27）年 4 月現在，全国 44 都道府県 2389 校（前年度比 470 校増）の学校において導入されている。コミュニティ・スクールの指定校拡大の流れについては政府もこれを推進しており，2013（平成 25）年 6 月に閣議決定された第 2 期教育振興基本計画においては，2017（平成 29）年度までにコミュニティ・ス

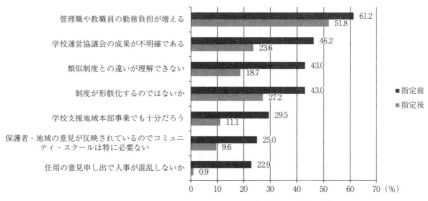

図 3.2 コミュニティ・スクール指定前後の課題認識

クールを全国の公立小中学校の約 1 割に当たる 3000 校に拡大するとの目標と掲げられている。

　制度の導入以来，コミュニティ・スクールの指定状況は比較的順調に拡大してきた一方，その進捗には地域によってばらつきがあり，まったく設置されていない自治体もある。その理由の 1 つには，学校運営協議会が教職員の任用について意見を述べることができるしくみである点に対して，学校現場からの強いアレルギー反応がある。なお，この課題については，文部科学省の委嘱による「コミュニティ・スクール指定の促進要因と阻害要因に関する調査研究」(2014 年 3 月，日本大学文理学部)[6] によると，コミュニティ・スクール指定校の校長の意識が指定の前後で大きく変化していることがうかがえる (図 3.2)。

　上記の調査結果からは，「教職員の任用」に関する事項をはじめ，コミュニティ・スクールへの否定的なイメージはいずれも大幅に低下しているものの，「管理職や教職員の勤務負担」については，導入後においても依然として過半数が「増加している」と回答しているところが興味深い。学校運営協議会の運営業務は，結局のところ校務分掌に位置づけられ，現場の教員が担っている場合がほとんどであるという実態がある。そのため，教員の多忙化が指摘されるなかにあって，今後のコミュニティ・スクールの指定拡大に向けては，この「勤務

負担の増大」をいかに解消していくかが最も大きな課題であるといえよう。

(3) 学校支援地域本部

　学校評議員制度や学校運営協議会は，いわば学校の内部から学校を開放していくという視点から導入されたしくみであった。しかし，学校がさまざまな課題をかかえるなかで，学校に過剰な期待が寄せられるとともに，教員の多忙化が指摘され，教育活動により専念できる環境を整えることが求められている。こうした状況に対し，文部科学省では，保護者や地域住民のボランティアなどの学校を外部から支える力を組織化し，地域の教育力の向上を目的に，2008（平成20）年度から新たに「学校支援地域本部」の事業が立ち上げられた。

　この事業は，①学校支援地域本部の事業方針の企画立案などを行う「地域教育協議会」の設置，②学校とボランティアをつなぐ「地域コーディネーター」の配置，③実際に学校現場で活動する「学校支援ボランティア」から構成されるもので[7]，学校，PTA，社会教育施設，自治会，商工会議所など地域の関係者の連携・協力のもと，地域住民が授業の補助などの学習支援，部活動の指導，図書の整理や読み聞かせ，学校行事の学校運営支援など，学校の教育活動のさまざまな支援を行っている。

　学校にとっては，教員が子どもたちに向き合う時間が増え，学校における教育活動の充実を図ることができるとともに，地域住民にとっては，これまで培ってきた知識や経験を生かす場が広がり，自己実現や生きがいにつながるものである。また，学校支援ボランティアとしてこの事業に参加することにより，地域住民同士の関係が強まり，地域活性化への一定の効果も期待できる。

　事業開始以降，学校支援地域本部は年々拡大し，2014（平成26）年12月現在，全国で3746本部がおかれている。各本部の「地域コーディネーター」の活躍は，地域の活性化にも資することから，教育分野だけでなく，ツーリズムやまちづくり分野からも新たな社会教育関係職員として注目されている。

　この事業の発展には，地域コーディネーターの役割がきわめて大きいが，現状では人材確保が困難なところも多く，その人材養成は喫緊の課題といえる。

表 3.1　学校評議員制度・学校運営協議会制度・学校支援地域本部のちがい

	学校評議員	学校運営協議会	学校支援地域本部
目的	開かれた学校づくりを一層推進していくため，保護者や地域住民等の意向を反映し，その協力を得るとともに，学校としての説明責任を果たす。	保護者や地域の住民が一定の権限と責任をもって学校運営に参画することにより，そのニーズを迅速かつ的確に学校運営に反映させ，よりよい教育の実現に取り組む。	地域住民が，学校の支援を行うもので，これにより学校と地域との連携体制の構築を図り，地域全体で学校教育を支援する体制づくりを推進する。
設置	任意設置	任意設置	任意設置
位置づけ	校長が，必要に応じて学校運営に関する保護者や地域の方々の意見を聞くための制度。	学校の運営について，教育委員会の下部組織として，一定範囲で法的な効果をもつ意思決定を行う合議制の機関。	地域住民などのボランティアの集まりで任意団体。
根拠	学校教育法施行規則（第 49 条）※平成 12 年	地方教育行政の組織及び運営に関する法律（第 47 条の 5）※平成 16 年	（法的な措置はない）※文科省の補助事業として平成 20 年から開始
主な内容	①学校評議員は，校長の求めに応じて，学校運営に関する意見を述べる。 ②学校評議員に意見を求める事項は，校長が判断する。	以下の具体的な権限を有する。 ①学校の運営に関する基本的な方針について承認する。 ②学校の運営に関して教育委員会または校長に対し，意見を述べることができる。 ③教職員の採用などに関して任命権者に意見を述べることができ，任命権者はこれを尊重する。	学校管理下の教育活動の支援 【例】 学習支援，部活動指導，校内の環境整備，子どもの安全確保，学校行事などの支援

出所：文部科学省コミュニティ・スクールの推進等に関する調査研究協力者会議（第 1 回，平成 26 年 6 月 20 日）資料より作成

また，学校現場で活動するボランティア自身の資質向上のための研修機会の充実も必要である。

(4) **開かれた学校から地域とともにある学校へ**

学校開放の取り組み，学校評価制度の導入など，学校教育を開いていくという展開から，学校支援地域本部で学校をサポートするというしくみ，ひいては学校運営協議会によって学校の経営に参画するというしくみの制度化が図られてきた。こうした「開かれた学校」から「地域とともにある学校」という考え方への変容は，保護者や地域住民は，単に部外者として学校からの情報発信や説明の受け手であるだけでなく，子どもたちの成長に対して自らも一定の責任を負うために参画すべきであるという意識の変化の現れであるともいえるだろう。これは「学校教育と社会教育の連携・融合」という動きと軌を一にするところもあるが，やはり，学校教育を中心とした視点からの施策展開というものがその前提にあることを付言しておかなければならない。

3　高等教育機関と社会教育関係機関との連携

(1) **大学教育の拡張**

わが国における大学とは，国家的な役割を担う人間を育成する機関として整備されてきたという歴史的経緯がある。いっぽう，19世紀後半から20世紀初めにかけて，イギリスやアメリカ合衆国の大学では，正規の学生に対してのみならず，地域住民などにまで開かれた存在として学習の機会を提供する取り組みがみられた。こうした市民に向けた学術普及に取り組んだ動きは日本においてもみられた。たとえば，明治期における学士会の通俗学術講談会，東京専門学校の講義録の刊行，大正期には有志の学者による民間の自由大学運動への参画といった取り組みである。昭和戦前期には，文部省が直轄の大学等に委嘱して成人教育講座などの公開講座が開講され，私学においても同種の事業が展開されることもあった。しかし，これらは大きな動きにはならなかった。第二次

世界大戦後，1949（昭和24）年に制定された社会教育法においては，大学施設を利用した講座（文化講座，専門講座，夏期講座）を開設できる条項が設けられたが，本格的な展開をみるのは1964（昭和39）年に社会教育審議会が「大学開放の促進について」を発表したころからであろう。ただ，当時は大学教育を広く社会に開放することを主眼にしていたため，大学公開講座や社会人入学制度をいかに促進するかであるとか，そのための専門部局をもつ大学を増やすことなどが課題とされていた。

1985（昭和60）年に開学した放送大学は，当初構想された際には，1970年代の学園紛争への対応の一環として新しい大学のあり方がめざされたという経緯があるものの，生涯学習支援の機関としての役割を果たしてきた。教養学部教養学科には，生活と福祉，心理と教育，社会と産業，人間と文化，情報（2013年度から設置），自然と環境の6つのコースがあり，全科目履修生には学士の学位が与えられる。また，2001（平成13）年には大学院修士課程が設置された（学生受け入れは翌年度から）。「生活健康科学」「人間発達科学」「社会経営科学」「人文学」「情報学」「自然環境科学」「臨床心理学」の7つのプログラムのうち，修士全科生としていずれかに所属し，大学院修士課程を修了すると，「修士（学術）」の学位を取得できる。さらに，同大学には2014（平成26）年には博士課程も設置されている（学生受け入れは同年10月から）。このほか，卒業や修了をめざすのではなく，キャリアアップや生涯学習，資格取得のために，学習者のニーズに合わせて科目だけを選んで学ぶなど，さまざまなかたちの学習形態が可能となっている。

1987（昭和62）年には大学審議会が設置されたが，これは臨時教育審議会が打ち出した「生涯学習体系への移行」という方向づけにより，高等教育，大学・大学院をどう変革していくかに関心が高まったものであったといえる。このようななかで，各大学も拡張事業がみられるようになった。たとえば，「オープン・スクール」「エクステンション」「公開講座」といった取り組みや，国立大学では，「生涯学習教育研究センター」といった組織が設置されるようになった。また，自治体との連携による公開講座の実施，大学図書館の開放や大

学博物館の設置なども進められた。

　制度的にも，科目等履修生（正規の単位取得可能）・大学以外での学習成果の単位認定・履修証明制度の創設[8]など，社会人学生にとって大学教育へのアクセスの整備が進められてきた。人生のなかで教育と労働の時期を固定しないリカレント教育の考え方は古くからあるが，大学（大学院）で社会人特別選抜（社会人入試）が広がってきたのは近年のことである。しかし，OECD（経済協力開発機構）の調査（2011年）によると，大学入学者のうち25歳以上の割合は，OECD各国平均で約2割に達しており[9]，これには社会人学生も相当数含まれる一方，日本人の社会人学生比率は1.9％と低いという実態もある[10]。

　社会人学生は，一般の学生や教員・大学にもよい刺激を与え，大学を活性化するといわれているが，大学教育の制度面だけでなく，雇用面・金銭面などで当の社会人学生にとって十分な環境が整えられているかは検討の余地があろう。

⑵　**大学の立つ岐路—社会連携への道**

　こうして拡張を続けてきた日本の大学は現在，大きな2つの問題に直面している。1つは「少子高齢化」である。細かい時点については議論が分かれるが，日本の大学は2009（平成21）年ごろからいわゆる「全入時代」に突入しているといわれている。大学への入学希望者数が入学総定員を下回る状況となっており，4年制私立大学で2014（平成26）年度の入学者が定員割れしたのは，約46％にのぼったという調査結果[11]が報じられている。

　また，もう1つの問題は，深刻化する「国の財政難」である。とくに国立大学については，2004（平成16）年度から国立大学法人化したことを受け，「国立大学法人評価」が行われており，中期目標期間（6年間）の総合評価結果によって，運営費交付金が（総額としてはカットを前提とした）傾斜配分されるしくみとなっていることなどから，「二極化」を懸念する声が上がっている。

　まさに大学全体が岐路に立たされているなかで，注目されているのが，大学による地域連携・社会貢献の取り組みである。大学の基本的な機能は，所定の課程を修めた学生に学位を授与する「教育」と，新しい学術知識を創造する「研

究」にあることはよく知られているが,「第三の機能」として社会に向けてさまざまな活動を行っていて，それなしでは大学が社会的責任を全うできないとする考え方が定着しつつある[12]。2000年代以降は，大学組織の統合化の影響もあって，学外社会とのつながりを有していた「生涯学習教育センター」や「地域連携センター」などの諸部門を「社会連携機構」といった名称をもつ組織に統合する国立大学が増えている。そうした動向のなかで，生涯学習，社会連携などに関係する事業を総称して「大学の社会連携」と呼ばれるようになっている。

　文部科学省もこうした動きを推進しており，たとえば2007～2008(平成19～20)年度にかけては，「社会人の学び直しニーズ対応教育推進プログラム」を開始し，社会人の「学び直し」のニーズに対応するため，大学等における教育研究資源を活用した，社会人の再就職やキャリアアップなどに資する実践的教育プログラムの開発・普及が支援を受けている[13]。

　また，2013(平成25)年度からは「地(知)の拠点整備事業(大学COC事業)」が進められており，大学等が自治体を中心に地域社会と連携し，全学的に地域を志向した教育・研究・社会貢献を進める大学等を支援することで，課題解決に資するさまざまな人材や情報・技術が集まる，地域コミュニティの中核的存在としての大学の機能強化を図ることとしている。

　一概に「大学の社会貢献」といっても，個々の大学によって与えられた条件や得意とする具体の事業も異なる。しかし，大学は知的・人的・物的資源を有しており，その量は公民館等の社会教育施設に比べて格段に多いこと，また，質的な面でも高度な社会のニーズに対応できる資源を備えていることから，社会教育との連携による大きな効果が期待できる。

　その一方で，こうした取り組みについては一部の専門的な活動や専門教員を除いて大学側の関心が高くないこと，また，過去の連携実績が乏しいことから，個人レベル以上の組織間での連携にまで至ることはむずかしいことなどの課題が指摘されている。大学において社会教育と連携することのメリットを明示するなど，大学との相互補完の関係構築に向けた取り組みが重要であるといえよう。

4 社会教育と学校教育の連携の展望

　近年の社会教育の成果としては，①学校教育との連携・協働による地域コミュニティの形成，②家庭教育における学習機会の提供と地域人材の育成，③多様な学習機会の提供などによる生涯学習社会の構築に向けての寄与といったものがあげられる。しかし，社会教育行政は，地域コミュニティの変質や多様な主体による社会教育事業の展開，社会教育の専門的職員の役割の変化といったことへの対応が不十分であるといった課題を指摘することができる。

　今後の社会教育行政の方向性について，『平成24年度版　文部科学白書』によると，公民館等の社会教育施設において講座などを自ら行おうとする従来の「自前主義」から脱却し，教育行政の枠を超えて「まちづくり（コミュニティ・ソリューション，社会関係資本の形成）」「超高齢化社会への対応」「若者支援，青少年の健全育成」といった地域の総合的な課題に対応するため，学校・行政・民間企業など地域の多様な主体とも積極的かつ効果的に連携・協働を進めていく「ネットワーク型行政の一層の推進」の必要性が改めて強調されている[14]。そのなかでも，学校教育との連携については，これまで以上にその重要性が高まっているといえよう。

　いっぽう，学校教育においても，学校だけで対応できない多くの難題に直面するなかで，その解決の糸口を学校教育の外に求めざるを得ない状況に陥っている。学校支援地域本部の普及・定着をはじめ，学校教育のサイドからも社会教育との連携が求められている。

　しかし，ここで指摘しておきたいのは，その際に関係者がもつべき「視点」である。教育基本法第13条[15]は，学校・家庭・地域住民などの相互の連携協力についての規定であるが，この「教育」において想定されているものは，学校教育に限定されていると考えられる。同様に，前述の「学社連携」「学社融合」という考え方も，結局は学校のための地域の資源や社会教育の協力ということにしかならないことが危惧される。

　今後の社会教育と学校との制度的な関係は，さらなる社会構造の変化と社会

教育・学校教育それぞれの現場をとりまく環境のなかで，新たな様相をみせることが予想される。それは単なる連携や融合といった関係にとどまらない展開，すなわち，幅広い人と人とのかかわり合いを通じ，消滅しつつある地域社会の再生・活性化や，21世紀を生き抜くうえで必要な市民性の伸長といった，これまでにない方向性も志向するしくみに広がっていくことが期待される。だがそのとき，学校教育に偏った教育観にとらわれず，学校教育とはちがう社会教育の意味・原理・あり方についての理解が関係者の間で広く浸透していることが前提となる。

（林　剛史）

● 注 ‥‥‥‥‥

1) そこでは，「従来の学校教育のみに依存しがちな教育に対する考え方を根本的に改め，家庭教育，学校教育，社会教育がそれぞれ独自の教育機能を発揮しながら連携し，相互に補完的な役割を果たし得るよう総合的な視点から教育を構想することが重要である」という指摘がみられる。
2) そこでは，「学校教育と社会教育がそれぞれの役割分担を前提とした上で，そこから一歩進んで，学習の場や活動など両者の要素を部分的に重ね合わせながら，一体となって子どもたちの教育に取り組んでいこうという考え方であり，学社連携の最も進んだ形態と見ることもできる」という指摘がみられる。
3) 学校週5日制は1992年9月から月1回で試行，1995年度から月2回というかたちで段階的に導入されている。
4) そこでは，「今後，より一層地域に開かれた学校づくりを推進するためには学校が保護者や地域住民の意向を把握し，反映するとともに，その協力を得て学校運営が行われるような仕組みを設けることが必要であり，このような観点から，学校外の有識者等の参加を得て，校長が行う学校運営に関し幅広く意見を聞き，必要に応じ助言を求めるため，地域の実情に応じて学校評議員を設けることができるよう，法令上の位置付けも含めて検討することが必要である」という指摘がみられる。
5) 類似制度を含まず（文部科学省調べ）。なお，2009年3月時点では，類似制度を含み，全公立小中学校のうち86.5％で学校評議員が設置されていた。設置状況の数値が低下している点については，学校運営協議会（コミュニティ・スクール）を設置している学校の半数（54.8％）が同協議会の設置に伴い学校評議員を廃止しているという調査結果がある（※2011年度委託調査研究（日本大学文理学部）より）。
6) 調査は2011年度と2013年度に実施。グラフは2013年度に実施したもの。調査

研究代表者は，佐藤晴雄日本大学教授．
7) 一般に，地域コーディネーターは有給のスタッフであるのに対し，学校支援ボランティアは無給のスタッフとしておかれている．また，学校支援地域本部の地域コーディネーターには，地域の退職教員やPTA役員経験者など，地域の実情に詳しい人材が充てられている．
8) 2007年の学校教育法の改正により，大学，大学院，短期大学，高等専門学校，専門学校（以下，大学等）における「履修証明制度」が創設．これによって，大学等においては，学生を対象とする学位プログラムのほかに，社会人などの学生以外の者を対象とした一定のまとまりのある学習プログラム（履修証明プログラム）を開設し，その修了者に対して法に基づく履修証明書（Certificate）を交付できることとなった（学校教育法第105条など）．
9) OECDデータベース（2011年）．
10) 学校基本調査および文部科学省調べによる社会人学生数（2011年）．
11) 日本私立学校振興・共済事業団が実施．
12) 2006・2007年に教育基本法と学校教育法が改正され，大学の責務として，教育・研究に加えて，社会貢献が新たに定められた．大学がより社会とつながりをもち，人材育成や研究成果の還元などの面で，一層の役割を果たしていくことが求められている．なお，前掲8)の「履修証明制度」の創設も大学の社会貢献を促進するという政策目的を有している．
13) 岩手大学による経営感覚をもった農業者の養成を図る取り組みをはじめ，通算で160件のプログラムを支援．
14) 『平成24年度　文部科学白書』pp.89-90．
15) 「学校，家庭及び地域住民その他の関係者は，教育におけるそれぞれの役割と責任を自覚するとともに，相互の連携及び協力に努めるものとする」（教育基本法第13条）．

第4章

社会教育と教員・親・地域住民

1 学校・家庭・地域の連携が強調される背景

　家庭や家族のあり方をはじめ，働き方の多様化が進む一方で，変化に対応しきれていない制度や支援のしくみの不備が，教育力を発揮できない家庭を多く生み出している。少子化社会の影響や子どもをとりまく環境の悪化などから，「子どもが健全に育っていないのではないか」という問題意識は，社会全体のものとなり，国レベルの議論も繰り返されてきた。たとえば，1998（平成10）年の中央教育審議会答申「幼児期からの心の教育の在り方について」や，2005（平成17）年の同答申「子どもを取り巻く環境の変化を踏まえた今後の幼児教育の在り方について」では，家庭や地域社会が，つまりおとな一人ひとりが，常に子どもの育ちに関心をもち，それぞれの立場から協力することの重要性が述べられている。ことに，「大人社会が次世代を育てる心を失う危機に直面していることが根本的な問題だ」とした前者の指摘は，子どもの育ちの問題とは子どもの側だけの問題ではなく，おとなの側に改めるべき点があるのだという問題提起であろう。

　また，少子化は，国をあげて対策が講じられてはいるものの一向に歯止めがかからず，子どもの社会性が育ちにくい状況の深刻化が進んでいる。きょうだいの数や近所の子どもが少なくなってしまうと，学校でも地域社会でも，一定規模の集団を想定した活動が困難になる。また，子どもの数の減少は，親にとっても子育てについての経験値の減少を引き起こし，親どうしの子育て経験の共有が困難になることなどが懸念される。加えて，子どもの貧困問題[1]や若者の就職3年以内の離職率の高さ[2]など，子どもや若者に関する問題の多くが，個人や家庭の取り組みだけでは改善されない社会構造的なものであることも指

摘されている。さらに，1998（平成10）年ごろに注目を集めた「小1プロブレム」や，繰り返される教員の不祥事，いじめや体罰に関する報道などは，教員や学校教育そのものへの不信感と危機感を増幅させるものであるといえよう。

　こうした状況のなか，2006（平成18）年に教育基本法が改正され，「学校，家庭及び地域住民その他の関係者は，教育におけるそれぞれの役割と責任を自覚するとともに，相互の連携及び協力に努めるものとする」という第13条が新設されて以降，学校・家庭・地域の連携が以前にも増して強調されている[3]。学校と家庭，そして地域の連携とは，人と人とのつながりを起点として始まるものであるが，今日，教員と親と地域住民の間に，果たしてどのような頻度の接点が存在しているだろう。

2　学校支援地域本部の取り組みと教員の役割

(1) 学校評議員制度と学校運営協議会制度

　学校と地域の連携のための制度としては，2000（平成12）年の学校評議員制度や2004（平成16）年の学校運営協議会制度（コミュニティ・スクール）がある。学校評議員制度は，校長の推薦に基づき学校設置者から委嘱された保護者や地域住民が，校長の求めに応じ，公立学校の運営に関する意見を教育委員会に述べることができる制度のことである。地域に開かれた学校づくりをめざす目的で設置された制度であり，地域の声，外の意見を取り入れる趣旨から，学校評議員は当該学校職員以外のものから選ばれる。委員は，あくまでも個人としての立場で意見を述べるものであり，学校長はその意見に拘束されるものではない[4]。

　学校運営協議会制度も，保護者・地域住民らが公立学校の運営にかかわりをもつ制度で，教育委員会からコミュニティ・スクールに指定された学校[5]に設置される。学校運営全般について意見を述べることができるのは，学校評議員と同様であるが，学校運営協議会は合議制の機関として，校長が作成した学校運営の基本的な方針に承認を行い，教職員の採用などについて意見を述べる

ことができる権限が与えられた。

　どちらの制度も，公立学校の運営に住民が関与できることを法的に規定したことに意味は見いだせるものの，これをもって地域の声，外の意見を反映させることができるとするのはいいすぎであろう。むしろ，このようなごく限定された委員が意見を述べることができるようになったことが評価されるほど，これまでの学校が権威をもつ存在であり続けてきたことこそ，学校が地域にありながら地域と隔絶された存在であったことを示す結果となっている。

(2) 学校支援地域本部

　文部科学省は，2006（平成 18）年の教育基本法改正をうけて，学校と家庭と地域の連携の具体策として，より多くの「外部の力」を活用すべく 2008（平成 20）年度から「学校支援地域本部事業」[6]を開始した[7]。文部科学省・学校支援地域活性化推進委員会の「みんなで支える学校　みんなで育てる子ども—『学校支援地域本部事業』のスタートに当たって—」によれば，学校がさまざまな課題をかかえていることとともに，家庭や地域の教育力が低下した結果，学校に過剰な役割が求められているとの認識に立ち，「これからの教育は，学校だけが役割と責任を負うのではなく，これまで以上に学校，家庭，地域の連携協力のもとで進めていくことが不可欠」だと学校支援地域本部の必要性を説いている。これは，学校側の要望に応じて，地域住民が学校の教育活動を支援する役割を担うものであり，住民にとっても自身のもつ知識や経験，あるいは学習成果を生かした自己実現や生きがい獲得の場の拡大と考えられている。

　だが，この文書に書かれた事業のねらい「①教員だけでは担いきれない，あるいは必ずしも教員だけがすべて行う必要がない業務について地域が支援することにより，教員が，より教育活動に専念でき，より多くの時間を子どもと向き合うことや授業準備等に充てられる」という認識は，あまりにも教員と学校教育中心にすぎるものである。学校と地域の連携は，学校教育の改善だけが目的であってはならないはずであるのだが，学校側にとってこの活動がもつ「住民の役に立つ」側面に対する認識が欠落しているのではないかと思われる。

学校支援地域本部を，地域の住民をはじめ諸機関とそれにかかわる人々が，地域ぐるみで子どもを育てていくためのしくみであるととらえると，その目的は新しい取り組みのようでいて案外そうではないことに気づく。原義的な教育とは，もともと家庭を中心とした地域社会で営まれてきたものであり，学校制度の登場はのちのことである。地域のもつ教育機能を活かす活動を，あくまでも学校管理下の教育活動の場に限定するというこの制度のあり方に限界があるのではないだろうか。地域社会全体の学習活動の支援や家庭教育への支援も視野に入れた教育・学習全体の改善と再編が，目的化されなければならないはずである。学校支援地域本部を，単純に学校で行われている教育活動を支援する組織でよしとするのは浅薄な理解にすぎないだろう。「子どもが健全に育っていないのではないか」という問題意識を払拭するには，学校教育の改善だけで事足りるはずはないのである。子どもが多様な関係のなかで育つことの意義を重視すれば，多様な体験を可能にする取り組みがめざされるのは当然である。その取り組みを学校の場だけで行おうとすることに無理があるのだろう。

(3) 学校支援ボランティア

　学校や学校教育活動の場において，学校の支援を目的に行うボランティア活動や，そこで活動する人を「学校支援ボランティア」という。学校支援地域本部が設置される以前から活動は続いており，活動内容も花壇づくりや特別清掃などの学習環境整備，安全な登下校のための安全監視，教室での授業指導，体験活動における校外授業指導など多岐にわたる。PTA活動とは別枠とされ，保護者以外に地域住民や学生によるボランティアもいる[8]。

　学校支援ボランティアとしての活動は，教員とボランティアの連携，ボランティアどうしの連携が必要不可欠であり，そのために関係者間の調整をする存在が重要である。学校支援地域本部は，「地域コーディネーター」という存在を設けて，この調整を円滑に行う制度を整えた。コーディネーターは，地域にどのような得意分野をもつ住民がいるかを把握し，教員の要望に相応しいボランティアを選び出し，両者間の調整をする重要な役割を担う存在である。

(4) 生涯学習支援者としての教員の役割

　教員には，生涯学習の観点に立った学校教育の推進役としての役割があると考えられるが，教員自身はそれをどこまで自覚しているだろうか。たとえば学校には，地域住民らが行う学習活動に身近な学校の施設や設備の利用（学校施設の開放）を可能にしたり，教員の専門知識や技術を活用した学級・講座の開催（学校機能の解放）などで，人々の学習活動を支援する「学校開放」[9]の取り組みが求められている。だが，教員が自らの役割を「子どもの先生」と限定していると，地域住民の学習支援を自らのなすべき役割であるとは認識できないであろう。学校の機能を児童・生徒の教育に限定してとらえてしまうと，教員の役割もまた在籍している児童・生徒の学校での教育のみに限定されてしまうのである。いくら制度として「学校支援地域本部」をつくり，学校と地域の連携のかたちを整えても，教員が学校にとって役立つ地域住民の利用という意識でかかわる限り，表層的な学校教育の改善が関の山といわざるを得ない。

　教員の立場は地域住民ではなく，当該学校に勤務する期間限定のかかわりをもつ存在である。地域社会の特性を深く知る存在ではないのであろうが，その立場はむしろ，新鮮な視点で地域社会を把握することを可能にし，他地域との比較から当該地域のもつ特徴を抽出できることもあろう。もともと学校は，多様な問題が発現されうる場所であり，複数の子どもと親のことを把握しうる立場にあるのが教員である。親はわが子中心のかかわりに偏りがちであるし，地域住民には今日の子どもをとりまく教育の問題など，専門的な知識は縁遠いものである。教員には，親や地域住民とは異なる教育の専門家としての立場と役割をもつ存在ならではの地域とのかかわりが求められるのである。

3　地域団体の活動の停滞

(1) 子ども会など既存団体の現状

　地域を基盤として活動する団体のなかには，子ども会（および育成会），地域青年団，ボーイスカウト・ガールスカウト[10]など，青少年に関する社会教育

事業を行う団体がある。PTAや地域婦人会なども，構成員として青少年が直接かかわるものではないが，家庭教育や子育てへの支援などを通じて，青少年の育成に寄与する団体とみることができよう。これらの団体は，いずれも社会教育関係団体として，行政とのつながりが深い活動を行ってきた組織といえる。急激な変化が予測される団体ではなく，いわば昔ながらの方法で活動を続けてはいるが，どの団体も活動は不活発といわざるを得ない現状で，ことに子ども会やボーイスカウト・ガールスカウトについては加入率の低下が著しい。

(2) 子ども会および育成会

　子ども会とは，地域を基盤とする社会教育関係団体の代表的なものの1つである。子どもの心身の健全育成を図ることを目的とし，幼児から高校生までの異年齢の子どもたちを会員とし，基本的に町内会区域を1単位に「単位子ども会」がつくられる。単位子ども会の組織や運営方法は地域により多様だが，会の核となる子ども会（子ども集団）と，その子どもたちを指導し，物心両面の支援を行う大人を中心とした育成会から構成されている。子ども会の源流を江戸時代の寺子屋にまでさかのぼる説もあるが，今日の子ども会の多くは，第二次世界大戦後に結成されたものである。

　身近な地域社会における異年齢仲間集団の形成と活動は，学校とは異なる貴重な体験の場として，ことに少子化に拍車のかかる今日の子どもたちにとって，重要な意味をもつものといえる。学校で形成される集団は，主に同学年で構成されるものであり，今日のようにきょうだい数の少ない子どもにとって，異年齢の集団に身をおく機会は減少している。異年齢集団を意図的につくり出す必要があるといえるのかもしれない。だが，子ども会は大幅に加入率が下がり，とくに中学生以上の会員の減少は著しいといわれる[11]。

　子ども会の活動は，地域ごと，単位子ども会ごとに多様であろうが，共通の傾向として，活動の行事化・イベント化がみられる。子どもまつりやクリスマス会のようなお楽しみ会などは，子ども自身が中心となって企画・運営や役割分担をすることがないと，当日参加するだけのイベント化してしまうが，それ

ではテーマパークなどの商業施設に出かけて楽しんでくることと大差ない[12]。

子ども会の子ども集団を指導・支援する育成会は，親や地域住民らで構成されており，子どもが自主性を発揮し，安全な子ども会活動が行えるような後方支援を行う組織である。子ども会のもつ教育機能を理解しつつも，会則により会長・副会長以下役員を選出して活動を手伝う必要があることが，とくに仕事をもつ親にとって大きな負担となっているようである。しかしそれは，親が育成会の一員として活動する意味を，子ども集団の活動の支援だけに限定した認識に立っているからであろう。親自身もこの活動によって得るものがあることを，見落としているのである。

4 学校を拠点とした新しい「地域づくり」

(1) 通学合宿と地域の大人

子どもたちが青少年教育施設や公民館などに一定期間宿泊（合宿）して，衣食住の生活体験を行いながら，いつもの学校に通う「通学合宿」[13]というプログラムがある。公民館などに宿泊しながら学校へ通う合宿を行うことにより，起床後の寝具整理や洗面から，食事の準備の手伝い・後片付け，清掃などの最も基本となる生活体験を行い基本的生活体験習得の手助けをするものである。

正平辰男によると，通学合宿は子どもの日常生活圏で行われ，地元の大人が指導にかかわるところに大きな意味がある。身近な場所で，普段の暮らしと同じようなことを子どもに伝えるプログラムなので，大人にとっても参加しやすく，参加した大人どうしには絆が生まれるのだという。また，正平は，体験活動全般についての問題点として，子どもが喜ぶであろうと思える部分だけを切り取って体験させようとする傾向をあげる。さらに，準備も後片付けも大人が済ませてしまうのは，子どもにさせると時間がかかりすぎるという「おとなの側の都合」であるとの指摘は，非常にもっともなものと思われる[14]。

子どもに，日常の生活そのものを体験させなければならなくなった社会の変化を逆手にとって，かかわる大人どうしの人間関係構築に活用するという正平

の発想は，子ども会活動にも当てはまるものであろう。問われているのは，大人の姿勢なのである。

(2) 学校から地域へ

　学校とは，児童・生徒や教職員は入れ替わるが，地域住民なら誰もが知る存在である。その学校を地域住民の学習活動の拠点として位置づけ，地域づくり，コミュニティづくりに活用した事例[15)]が多数ある。ここでは，島根県海士町と千葉県習志野市秋津コミュニティの事例をみる。

① 海士町の「地域の担い手育成」

　島根県海士町は，島根半島の沖合60kmほどの日本海に位置する離島で，人口は約2400人，平成の大合併の折には「超過疎，超少子高齢化，超財政悪化」と評される町の存続の危機にあった。町は自らの生き残りをかけて，地場産品を使った商品開発などで地域を活性化させながら，自主的な給与のカットなどによって抑えた経費を使い，教育の充実を図る。その1つが，海士町にある県立隠岐島前高等学校魅力化構想である。県の教育委員会，高等学校のほかに地域住民や保護者，OB・OGら，入学者の大幅減少[16)]に，高等学校と中学校の生徒・保護者・教員へヒアリングやアンケートを重ね，今後のビジョンを策定した。過疎化の進む高等学校に求められる役割を「地域の担い手育成」であると定め，地域全体を学校，地域の住民を先生とした地域協働型カリキュラムを始めた。大学進学を希望する生徒が島を離れて高校進学する状況を変えるために，公営塾も設立した。2014（平成26）年には，新入生の約5割が島外からの入学者で，150名を超す生徒数の高等学校となった。

　また，図書館未設置町だったため，2007（平成19）年から「島まるごと図書館構想」で行政・学校・公共図書館が一体となった図書館づくりに取り組んでいる。海士町中央図書館は，中央公民館のある複合施設内に増築し2010（平成22）年に開館した。そのほか，島の学校を中心として地区公民館や港ターミナルなど，人が集まる既存の公共施設を分館と位置づけて整備し，島全体を1つの図書館とする取り組みである。さらに，移動図書館の巡回も実施しているが，

一カ所あたりの利用者が4〜5名という規模の小ささを，担当職員がニーズに合った本の選定に好都合であると積極的な解釈をして利用者の興味・関心にそった読書案内に利用しているという。

海士町の事例からみえてくるのは，逼迫した財政面はもちろん地理的にも不利な町の現状を変えるのは，町の将来を担う人づくりであるとした見識の高さと現状分析の的確さである[17]。

② 秋津コミュニティにみる「学社融合」

習志野市秋津コミュニティは，東京湾の埋め立て地に町の誕生とともに1980（昭和55）年に開校した習志野市立秋津小学校を活動拠点として，保護者・卒業生・地域住民らからなる任意団体である。1990〜92（平成2〜4）年に習志野市教育委員会から，生涯学習の研究指定を受け，PTA内に保護者研究部を創設したものが，PTAから独立するかたちで秋津コミュニティとなったものである。学校の4つの余裕教室などが「秋津小学校コミュニティルーム」として，朝9時から夜9時まで地域住民に開放され，地域住民の生涯学習活動の場として活用されている。年間利用者は延べ1万2000人おり，その活発な学習活動は，授業をはじめとする学校の教育活動を住民が支援する循環を生みだした。PTAとの連携も強く，学校教育の支援，地域との交流，コミュニティルームの自主管理による生涯学習活動の推進・運営などを，「できるひとが，できるときに，無理なく，楽しく！」をモットーに30年以上継続させている。

秋津コミュニティの事例は，いわゆる「学社融合」[18]の先駆的成功例として頻繁に取り上げられる。地域住民やPTAが学校支援をすることは，学校支援地域本部の活動でもよくみられるが，秋津小学校のように，学校側が地域行事の開催日を児童の登校日にするような配慮を示す例は，ごくわずかであろう。取り組みのキーパーソンである元PTA会長で秋津コミュニティ顧問の岸裕司の「フォーラム：PTAは『新しい公共』を切り拓けるか」（2010年8月7日）における次の発言，「学校という子どもがいつでもいる場所を拠点に，大人も一緒に学び，更に学校施設を365日型で開放し，地域全体の生涯学習施設に変えていく（中略）その実践を，秋津モデルはやっている」が，いたるところで実

現すれば，地域の教育力の向上に有益であろう[19]。

5　PTAの歴史と可能性

　ここまでみてきた学校支援地域本部，子ども会・育成会，通学合宿などの活動には，ほとんどにPTAがかかわりをもっている。子どものことに親がかかわるのは当然だとする理解では，PTAの存在理由を十分に理解しているとはいえまい。どのようにかかわるべきかが，問われなければならない。それには，PTAがこれまで，どのような変遷をたどってきた団体であるのか知ることが肝要である。

(1)　PTAのはじまりと日本への導入

　PTAとはParent-Teacher Associationの略で，「父母と教師の会」のことである。1897（明治30）年に，米国のバーニー夫人が中心となって全米の母親に呼びかけて開催した「全米母親会議 (National Congress of Mothers)」を起点とみることができる。この全米母親会議は，工業化・都市化に伴い混乱したアメリカ社会から子どもたちを保護し，よりよい環境のもとで理想の子育てをするために，教育に関心の高い母親どうしが学び合う組織づくりをめざしたものといわれている[20]。

　わが国には，第二次世界大戦直後にGHQおよびCIEの強い要請によって導入されることになり，文部省（当時）が作成した手引き「父母と先生の会―教育民主化のために―」が都道府県知事あてに配布された1947（昭和22）年以降，急速に普及が進んだといわれている。このときGHQが描いていたPTAとは，日本の教育の民主化を確立し進めるために，ともに子を育てる親と教師が対等な立場に立ち，学校生活はもちろんのこと，子どもの生活全般において協力しあうための任意団体であった。それは，1967（昭和42）年の社会教育審議会報告において，「父母と先生の会（PTA）は，児童生徒の健全な成長をはかることを目的とし，親と教師とが協力して，学校および家庭における教育に関し，理

解を深めその教育の振興につとめ，さらに，児童生徒の校外における生活の指導，地域における教育環境の改善，充実をはかるため会員相互の学習その他必要な活動を行う団体である」と位置づけた今日の理解に通じるものである。だが，わが国のPTAの実態は導入期においてすでに大きく異なり，善くも悪くも日本独特のPTAが誕生し，それが定着したとみることが妥当である。

(2) 学校後援会からPTAへ

　戦前の学校には，学校の教育活動を物心両面から支援する「父兄会」「保護者会」「母の会」などの名称をもつ学校後援会が組織されていた。これらの学校後援会が行っていた活動の柱は，学校設備・備品の調達にとどまらず，教師の研究費や俸給にいたるまでの，さまざまな面での資金援助であった[21]。PTAを組織するようにとの行政の指導に従い，各学校はすでにあったこれらの組織を，その性格を変えることなくPTAとして名称変更した結果，1948 (昭和23) 年4月の文部省によるPTAの全国調査では，この時点のPTA結成率は65%，後援会とPTAの併存率は17%であったが，2年後の1950 (昭和25) 年の調査では，PTA結成率は一気に98.7%にまで上昇した。戦後の混乱期を過ぎ，PTAの負担による学校費負担が全廃され，公費による学校運営が行われるようになる[22]と，具体的な活動目的を見失ったPTAは役割を明確化できずに前例踏襲を繰り返す組織となり，活動が低迷してしまうことになった。

　日本のPTAのモデルとなった米国のPTAは，必ずしも学校を単位としてつくられる組織ではなく，地域や教会などと連動した活動が行われるため，活動母体は保護者に限らず地域住民など活動趣旨に賛同する者が参加する組織である。全米の小・中・高等学校のおよそ7割はPTA組織が未結成か，全国PTA協議会には未加盟だという[23]。「アメリカのPTA運動は，自分の子どもの通う学校に限定することなく，広く全国，全世界の子どもの環境改善に関心を拡大し，すべての子どもたちの福祉を目指した一種の教育運動」[24]である。もちろん，どのような理論も実践も，それがある文化や国民性と結びついたものである以上，安直な評価をもとに彼我に優劣を下すべきではない。

(3) 日本のPTAの性格と現状

　わが国のPTAは，同一地域に居住する住民を主なメンバーとする緩やかな地縁集団である。それは，生活に密着した一面をもち，地元地域に受け入れられやすい。このことは，地域生活に即した問題に対処する際の大きな支援となりうるが，同時に地縁集団は，会員の網羅性・動員性をもち，それがある種の強制力となるために，会員は多数集まりやすく安定しているが自発的会員の割合は低くなる。誰もが入りやすいが，明確な目的意識がなく，ただ会員になっているだけというメンバーが多くなることは否めない。PTAは，本来は任意加入団体だが，実際の入会・退会は子どもの入学・卒業に合わせて自動的に行われている。

　終戦直後の導入期にPTAを担ってきた世代は，戦前の教育を受けて育った世代であり，民主主義や民主的な教育がどのようなものか見当もつかぬまま，手本も経験者もないなかでの活動を余儀なくされた。こうした時代的限界を斟酌しても，わが国のPTAは理念なき活動に終始した団体が大半を占めていたといわざるを得ない[25]。

　だが，近年，男性のPTA会長経験者が体験記[26]を出版したり，PTAを特集する新聞記事[27]や一般向け雑誌の特集[28]が掲載されるなどによりPTAがマスコミに取り上げられることも増えてきたかにみえる。そこでは，PTAの役割を全面否定するものではないが，役員選出などをきっかけとして現状に疑問を抱き，形骸化した組織や活動のあり方，運営方法を再編すべきであるとするものが多くみられる。このような発言にPTAの変化の兆しをみつけることはそうむずかしくはないように思われる。PTAが何をめざして，どのように活動していくべきかについての解答は，それぞれのPTAが議論を重ねて導き出すものである。そして，その議論を重ねることこそが，親としての成長に大きな意味をもつのだ。密着したお互いの生活の場において，異質な他者といかに共通の目標を見いだし，どのように目標に達成するかという行為の積み重ねこそ，PTAのPTAらしい一面であろう。職業のように利害や金銭を介したつながりではなく，意見を出し合うばかりでなく活動の実態がある。こうした

PTAのもつ機能が，職業とも家庭とも異種の社会性を育成する場となりうる。過度な負担を背負う必要はないが，だからといって嫌なものは避けて通ればよいというものではない。PTAは，親自身の学習機会でもあることが強調されるべきであるのかもしれない。

6 地域社会全体の教育力の再生をめざして

　緩やかな地域のつながりをもとにして活動してきた地域青年団や婦人会，子ども会やPTAなど，社会教育関係団体が振るわない状況が続いている。連携や協力とは，関係者どうしがお互いの特性を理解しあい，明確化された目的を共有しあう人間関係が構築されていることが前提となるが，実際には連携することが自己目的化され，関係が形骸化しているといえるのだろう。本来の目的を見失った集団の活動は大きな負担と感じられるのであろう。

　かつてのように変化の緩やかな社会[29]では，家庭や地域社会のもつ教育力は比較的安定した役割を果たしてきたと考えられる。年長者のもつ経験は，次世代に通じる知恵でありえた。それが，今日のように変化が著しく，多様化した社会においては，年長者や近隣住民よりも価値観や理念を共有する者どうしの共感のほうがより強い意味をもつようになったといえるのかもしれない。それどころか，共感者を募る手段としてSNSなどインターネットの利用を想定していれば，初めから地域を限定する意味は薄らぐであろう。そもそも住んでいる場所が近いというだけで，教育に対する考え方や方針が同じであるわけもない。さらに，とくに都会では職住分離の増大によって，一人の人間が住居地と職場といった複数の「地域」に関わることも珍しくない。地域住民は，職業人として職業に関する学習や趣味を楽しむ存在でもある。地域の教育力の向上がめざされるのは子どものためだけでないのである。

　学校以外の地域を場として行われる社会教育について，教員には知識と意識が不足していることは多くの社会教育関係者が指摘するところである。ここは，社会教育主事[30]をはじめとした関係者の働きかけが望まれるところである。

また，ここでは，学校に関連する制度などの動きや意味についての検討を中心にしてきたが，一人ひとりの教員や親や地域住民の，自由で自律的な活動が調和的に存在してはじめて，十全な地域・十全な教育が可能になる。（本庄　陽子）

● 注 ‥‥‥‥‥
1) 日本の子どもの相対的貧困率は，1990年代半ば以降上昇傾向にあり，2012年には16.3％と約6人に1人の割合になっている。また，日本の子どもの相対的貧困率はOECD加盟34カ国中10番目の高さであり，とくにひとり親家庭など子どもがいる現役世帯のうち，おとなが1人の世帯における相対的貧困率は，加盟国中最も高くなっている。
2) 厚生労働省職業安定業務統計によると，2011年3月卒業の中学，高校，大学の卒業3年後の離職率は，それぞれ64.8％，39.6％，32.4％である。
3) このときの教育基本法改正では，第10条に家庭教育，第11条に幼児期の教育も新設され，国および地方公共団体による努力義務が規定された。第10条の家庭教育に関しては，子の教育の第一義的責任は父母その他の保護者にあると定めたことが議論をよんだ。私事の領域である家庭における教育のあり方に法律が介入してくることの是非が，行き過ぎではないかと危惧されたのである。たとえば，中谷彪「新・教育基本法の問題点と批判―教育における『戦後レジームからの脱却』の本質―」『武庫川女子大学紀要』（人文・社会科学編）55巻，pp.9-20，2008年．
4) 6年間で延べ16校の学校評議員として，実際に学校評議員活動をした経験から，この制度の限界を示したものとして，中條安芸子「日本における学校評議員制度―評議員の立場から見る今後の活用の方向性―」『情報研究』第35号，文教大学情報学部，2006年，pp.359-366がある。そもそも，委員になるには校長の推薦が前提である人選から，批判的な意見は汲み上げにくい。
5) 2014年4月1日時点で，コミュニティ・スクールに指定されている学校数は1919校で，前年度から349校増加した。
6) 学校支援地域本部事業は，当初の予定どおり2010年度でいったん委託事業としての活動を終了したのち，2011（平成23）年度からは，「学校・家庭・地域の連携協力推進事業」（補助事業）のなかの1メニューである「学校・家庭・地域の連携による教育支援活動促進事業」として，国・都道府県・市町村がそれぞれ3分の1ずつ負担して継続されている。2011年度からは，「学校支援地域本部」「放課後子供教室」「家庭教育支援」などの教育支援活動を各地域の実情に応じて組み合わせることが可能となった。
7) 当初，2176本部で始まった学校支援地域本部は，2013年度は3527本部に増加し

ており，この数字は全公立小・中学校区のおよそ28％で実施されていることになる。
8) 学生による学校支援ボランティアは，住民を中心とする学校支援ボランティアとは別枠で「学生ボランティア」として呼ばれることも多い。
9) 社会教育のための学校施設の利用については，社会教育法第44条において，また，社会教育の講座については，社会教育法第48条において規定されている。
10) ボーイスカウト・ガールスカウトともに，加入者は減少している。(公財) ボーイスカウト日本連盟によると，1998年には15万4292人だった会員は，2011年に8万4554人になっている。(公財) ガールスカウト日本連盟によると，1998年の4万5285人から，2011年には1万7695人と，こちらも減少している。
11) 国立青少年教育機構の実施した「青少年の体験活動等に関する実態調査」(平成24年度調査) によると，子ども会そのものへの質問ではないが，「子ども会やボーイスカウトなどの青少年の団体に所属していると答えた割合は，小学生では約16～20％であるが，中学2年では約3％，高等学校2年では1.5％と急激に減少している。また，会員数は，(社)全国子ども会連合会の調べによると，2002年に小学生：373万9464人・中学生：59万9100人いた会員は，2010年は，小学生：293万5486人・中学生：3万6827人にまで減少している。
12) 埼玉県入間市の子ども会と育成会にアンケートを実施した結果，得られた子ども会の現状と課題の1つに，子どもたちがやりたいこととして商業施設とかかわる事柄をあげる割合の高さが指摘されている。山本和人・大野清恵「子ども会および育成会活動の課題とその活動支援」『国立オリンピック記念青少年総合センター研究紀要』第7号，2007年，pp.233-244.
13) 通学合宿については，望月厚志「子どもの生活と社会教育」鈴木眞理・佐々木英和編著『社会教育と学校』(シリーズ生涯学習社会における社会教育 第2巻) 学文社，2003年，pp.107-109に詳しい。
14) 正平辰男「通学合宿の今，県単位の沿革と概況—先行事例の存在と実践の拡大著しい現況—」『日本生活体験学習学会誌』第3号，2003年，pp.45-55.
15) たとえば，神奈川県横浜市横浜市立東山田中学校「学校と地域をつなぐ東山田中学校コミュニティハウス」，兵庫県たつの市龍野北高等学校の「まちづくり貢献活動」，静岡県沼津市今沢小学校の「ふれあいプラザ『こあら』」，大分県佐伯市佐伯小学校の「まちづくり子ども会議」の各取り組みなどを参照されたい。
16) 高等学校の入学者数は，1997年の77人から，2008年には28人と半分以下に減少した。
17) 山内道雄『離島発 生き残るための10の戦略』日本放送出版協会，2007年，山内道雄・岩本悠・田中輝美『未来を変えた島の学校—隠岐島前発 ふるさと再興への挑戦』岩波書店，2015年，巡の輪著『僕たちは島で，未来を見ることにした』木

楽舎，2012年なども参照されたい。なお，山内道雄は海士町長である。
18）学社連携・学社融合については，鈴木眞理「学社連携・融合の展開とその課題」鈴木眞理・佐々木英和編著『社会教育と学校』（シリーズ生涯学習社会における社会教育　第2巻）学文社，2003年，pp.211-225や，渋谷英章「学社連携論と学社融合論」同上書，pp.71-94を参照されたい。
19）秋津コミュニティについては，岸裕司著『学校開放でまち育て―サスティナブルタウンをめざして』学芸出版社，2008年や同じく岸の『学校を基地に「お父さんの」まちづくり―元気コミュニティ！秋津』太郎次郎社，1999年などがある。
20）この「全米母親会議」がすぐにPTAになったわけではない。1908年に「全米母親会議と父母教師教会（National Congress of Mothers and Parent-Teacher Associations）」へ，1925年に「全米父母教師会（National Congress of Parents and Teachers）」へ名称変更された。また全米母親会議の目的は，貧困層の母子救済といった福祉的なものではなく，バーニー夫人をはじめとした高等教育を受けた中産階級の母親たちが，理想の子育ての実現に向けて社会環境にも目を配り，その改善のために活動していくためのものであったので，今日のわが国におけるPTAとは，だいぶ性格が異なっていたことは留意すべきであろう。宮坂広作「都市化とPTA―PTA運動の主体形成について―」『教育改革の地平』教育開発研究所，1988年（初出は『PTA研究』96号，1980年）や，天野かおり「PTAの成立：母親教育から親と教師の協力へ」『広島大学大学院教育学研究科紀要　第三部』第50号，2001年などに詳しい。
21）1958年に東京都中学校PTA協議会が発行した『PTAの現状と問題点―日本のPTAの悩みと反省―』に，東京都教育庁社会教育課主事水江八千代が寄せた「予算の合理的な編成について」には，PTA会費の80％以上が，本来学校設置主体の市区町村が負担すべき学校費の補助に使われていること，そのなかには人件費も含まれていること，さらに，PTAといいながら教師は会費を納めておらず父母と教師の立場は対等とはいえないことなどが述べられている。
22）民主的であるべきPTAが寄付能力のあるボスに支配される，あるいは，平等であるはずの教師と父母に上下関係が存在することなどへの不満，また，学校運営に私費（PTAによる学校後援費）が当然のように使われることへの疑問が生じた結果，公費増額の運動が起った。そのなかで，1967年，東京都教育委員会の「公費で負担すべき経費の私費負担解消について」（小尾通達）が，全国に大きな影響を及ぼし，私費負担解消が実現したとされる。
23）数値は，日本PTA創立50周年記念誌委員会編『日本PTA創立50周年記念誌』社団法人日本PTA全国協議会，1999年，p.47による。
24）同上。

25) もちろん，先駆的な活動をしたPTAの存在も忘れてはならない。代表的な事例としては，東京都中野区江原小学校PTAの校庭確保運動がある。大河原昭子『校庭は守られた　江原小PTAの闘いの記録』はる書房，2006年に詳しい。
26) たとえば，川端裕人『PTA再活用論─悩ましき現実を超えて』中央公論新社，2008年や小田切誠『PTA改造講座』日本放送出版会，2002年，山本シュウ『レモンさんのPTA爆談』小学館，2005年など。
27) たとえば，2015年5月には朝日新聞デジタル版で，「どうする？PTA」をテーマにアンケートを実施し，4回にわたり特集記事を掲載した。
28) たとえば，『AERA』2014年4月7日号では，「共働き時代PTAそれでも必要か」という特集を組んでいた。
29) 地域と学校の関係を知るうえで，おもしろい新聞記事（「運動会で飲酒　ダメ？」『読売新聞』2004年10月15日付夕刊）がある。記者が，かつて勤務した漁師町の小学校の運動会で，地域住民が酒を酌み交わしたという地方の習慣を懐かしんだコラムに，反響が届いたというものである。「教育の場の飲酒は論外」とする否定派と「ほどほどなら」とする容認派は3対1であったという。地域社会や生活全般の学校化とみるべきか。むろん，地域と時代で異なるのであろうが，地域全体が顔見知りで小学校の運動会は地域のお祭りだという一体感は，二度と戻らないのだろう。
30) 仙台市の嘱託社会教育主事制度は，市立学校に勤務する教頭・教諭で社会教育主事資格を有する者に対し，市教育委員会が，社会教育主事を委託する制度である。委託された者は，学校教育にたずさわりながら社会教育主事としての知識を生かし，社会教育活動を推進する。家庭教育支援事業や青少年育成事業など，教員という特性を生かせる事業に能力を発揮することが期待されている。「仙台方式」と呼ばれるこの制度が発足したのは，1971年である。

第5章
社会教育と社会福祉

1 近接領域としての社会教育と社会福祉

(1) 社会教育の社会事業的側面

　依然として日本には施設収容型の社会福祉サービスが根強く残っている。たとえば入所施設で生活する知的障害者は，療育手帳をもつ人たち全体の23.4％を占める[1]。いうまでもないことだが，入所施設で生活する人たちも，「文化的な最低限度の生活」を営む権利の主体であり，生活のなかに文化的な活動や学習活動が組み込まれていなければならない。そうした活動は社会教育の要素を強くもつが，入所施設の設置主体，すなわち社会福祉システムに属する組織によって保障されなければならない。

　近年では，「福祉から雇用へ」というスローガンに象徴されるように，社会福祉サービスの利用者を就労させようとする施策が強化されている。この施策は，社会福祉サービスの利用者が教育を受け，社会的経験を積み，社会的サポートも得ることで成長し，職を得たり継続したりといった日々の実践に支えられていなければならない。そうした日々の実践にも多分に社会教育機能が含まれている。

　このように，社会福祉サービスは，社会教育機能を含むことによって，人々の生活を支えることができる。言い換えるなら，社会教育は社会福祉の課題を内包した機能を担っているということもできよう。システムの次元では分かれている社会教育と社会福祉との分割線は，人々の生活に密着すればするほど曖昧になる。

　そもそも，社会教育と社会福祉には，多くの共通するルーツがある。社会教育行政が生まれた大正期，都市には深刻な貧困問題があった。都市に集中する

資本に吸い寄せられるように農村から流入した労働者が劣悪な環境におかれ，巨大なスラムが形成された。そうした貧困に社会問題として取り組む社会事業が大きな課題となっていたのである。この貧困対策をめぐって，雑誌『社会と教化』に「社会教育局設置の急務」と題して掲載された文章で，次のように述べられていた。

> 社会問題に対しても，此の応急手当以外に常時に於ける基礎的根本的施設を企図する所がなくてはならぬ。而して基礎的根本的施設とは何かといふに，申す迄もなく教育事業で，就中此の問題と密接なる関係を有する社会教育的の諸施設であると信ずる[2]。

貧困対策には直接給付と間接支援があり，間接支援のなかでも自立支援が最重要であり，これを担うのは社会教育だというのである。大正期と現代では，社会的背景や財政規模に大きな差異があるが，同様の論理は現代にも散見され，社会教育と社会福祉との関係を考えるうえで示唆的な歴史である。

さらに，第二次世界大戦直後の構想では，公民館が地域の拠点施設として社会福祉の機能を含めて担うことを期待された。しかしその後，社会教育と社会福祉は完全に機能分化していく。それでも両者は今でも，人々の生活に密着しそれを支える機能を担っている点で，多くの接点をもっている。共有する土台の上で成り立つ2つのシステムとして，社会教育と社会福祉はどのような連携を構想すべきなのだろうか。またその連携にはどのような意味があるのだろうか。

(2) 結節点としての地域福祉

冒頭に施設型福祉のことを述べたが，社会福祉でめざされている理念は，「地域のなかで大切な人たちに囲まれて営む生活」を支える地域福祉の充実である。社会福祉法第4条には次のように書かれている。

> 地域住民，社会福祉を目的とする事業を経営する者及び社会福祉に関する

活動を行う者は，相互に協力し，福祉サービスを必要とする地域住民が地域社会を構成する一員として日常生活を営み，社会，経済，文化その他あらゆる分野の活動に参加する機会が与えられるように，地域福祉の推進に努めなければならない。

　地域福祉の切り口から考えると，社会教育と社会福祉との関係として，次の3つの視点がみえてくる。第一に学習課題としての地域福祉という視点，第二に社会教育実践としての地域福祉活動という視点，第三に「福祉サービスを必要とする地域住民」の学習活動という視点である。

　これらの社会教育と社会福祉との接点は，主に社会福祉協議会が担っていることが多い。社会福祉協議会は，社会福祉法に「地域福祉の推進を図ることを目的とする団体」と規定されている。大橋謙策は，もともと地域福祉は公民館が担うように制度設計されていたのではないかという問題意識から，社会福祉協議会の登場を次のように理解している。

　　公民館が文化教養に傾斜することにより，地域住民の生活ニードに結びつかないところに，あるいは「公民館構想」にある地域の総合センターとしての役割を担いきれないところに，社会福祉協議会が理念としてのコミュニティ・オーガニゼーションをかかげて登場する根拠があったのではないだろうか[3]。

　このように考えるならば，地域福祉は，まさに社会教育であると同時に社会福祉でもあるという領域なのである。社会福祉協議会は社会福祉法に規定された団体であるにもかかわらず，本来的に社会教育が担うべき課題を分有しているものと理解できるのである。

　社会福祉協議会の具体的な取り組みのなかに福祉教育実践がある。福祉教育とは，社会福祉サービス利用者を"地域から疎外することなく，ともに手をたずさえて豊かに生きていく力，社会福祉問題を解決する実践力を身につけることを目的に行われる意図的な活動"とされる[4]。社会福祉サービスの利用者に集約的に現れる社会福祉問題は，社会的排除，貧困，少子高齢化といった問題

にかかわる，現代社会の重要な学習課題である。また，社会福祉問題を解決しようとする実践自体，体験学習やインフォーマル教育としての福祉教育実践としても位置づけできる。たとえば，障害者と非障害者とが地域での共生をめざして共同作業を行うような実践は，そのものが相互教育の場として機能しえる[5]。

社会教育の側からは，公民館でどのような福祉教育を実践するかといった課題に収斂していきがちであるが，本来的には社会教育と社会福祉が協働して福祉教育に取り組むことによって，住民の主体形成を支援し，地域福祉を実現していくという方向で考えられるべきものであろう[6]。

(3) 社会福祉サービス利用者の学習活動

社会教育と社会福祉との関係を考えるにあたって，もう一方で理解を深める必要があるのは，社会福祉サービス利用者の学習活動についてである。社会福祉サービス利用者も，学習活動に参加する権利をもち，また社会の形成者として権利を行使する能力を発達させる権利をもつ。社会福祉サービス利用者の学習活動は，かつて「社会福祉と社会教育の谷間」といわれるほど看過された領域であった。今日では，地域差などの問題はあるものの，社会福祉施設における文化活動や学習活動，社会教育施設のバリアフリー化，地域社会におけるサークル活動など，学習機会は広がりをみせている。

しかし，社会福祉サービス利用者は，依存的な存在だから社会福祉サービスを利用するのだとみなされることも多いし，社会福祉サービスを利用することによって依存的になると考える人もいる。社会福祉サービス利用者は，権利の主体であることが軽視されてきた歴史があるといえる。

20世紀末に世界中に広がった，さまざまなマイノリティ・グループの権利獲得のための運動は，こうした依存的な状態の打破をめざした。社会福祉サービス利用者のなかからも，依存的な存在としての自己イメージを変革し，自律的に生きようとした人たちが生まれていった。たとえば障害者運動は，親元か入所施設で依存的な生き方を強いられている状態を変えようとし，自己変革やソーシャルアクションの運動[7]から，自立生活運動へと展開していった[8]。

こうした動向は，社会福祉サービス利用者が受動的な存在にとどまるわけではないことを示している。能動的に社会福祉サービスを変革し，新しいサービスをつくりだす存在として社会福祉サービス利用者を捉える必要がある。社会福祉サービス利用者の主体形成というべきテーマが浮かび上がるが，これがどのような条件の下で営まれるかということが課題となる。

　セルフアドボカシーという運動がある。1970年代の欧米で火がついた知的障害者が自分たちの自律的な生き方を探索する運動であり，1990年代以降に日本にも広まってきた。日本ではピープルファーストや本人の会と呼ばれるこの運動は，支援者と呼ばれる非知的障害者の伴走を必要としている。支援者もまた，知的障害者が自律的に生きようとする運動に積極的にかかわる存在なのだが，なり手の多くは，社会福祉サービス提供者，知的障害者の親であるのが現状である。多くの障害者にとって自律的に生きるということは，入所型社会福祉サービスや親への依存を断ち切り，自らが主体となって，社会福祉サービスや社会関係を活用しながら生活を組み立てることであるといわれる。障害者にとって乗り越えるべき存在である社会福祉サービス提供者や親が支援者であるためには，支援者もまた不断の自己変革を要求される。そうでなければ，"セルフアドボカシーは社会福祉サービスのひとつに成り下がっている"と批判されることになる[9]。

　社会福祉サービス提供者や障害者の親の自己変革を生み出していくためには，社会福祉システムの外からの刺激を必要としている。世話の主体と対象との強固な対の関係は，自律的な関係変容を生み出しにくい。また同時に，社会福祉システムの外部で，社会福祉サービス利用者の自律的な学習を支えるしくみが必要であろう。その先にあるのは，社会福祉サービス利用者が主体的に社会福祉サービスをコントロールするシステムである。こうした社会福祉サービス利用者の主体形成過程に，社会福祉システムの外部にある社会教育のコミットを構想することができよう。

2　実践に内在する福祉と教育

(1) 社会教育実践のなかの社会福祉

　多くの社会教育実践の現場には，潜在的な社会福祉課題がある。たとえば，公民館のサークル活動に積極的に参加していた中高年の学習者が，身体の機能障害，慢性的な病気，配偶者や親の介護などの理由で参加できなくなるといったことは，日々起こっていることである。それらを個人的な問題ととらえてしまえば，社会教育課題としては立ち現れないが，公共的な学習課題として扱うこともできる。それらの多くは社会福祉課題である。

　そうした課題を正面から扱おうとする社会教育実践もある。たとえば障害者青年学級という取り組みがある。1960年代に障害児学級のアフターケアとして始まった実践であったが，関東を中心に社会教育施設の事業として，徐々に多様な意味づけがなされるようになっていった。学校を卒業した障害者が，地域のなかで社会人として自律的に生きていく過程に寄り添う実践であるとともに，非障害者が障害について実践的に学び，障害者が非障害者との相互教育を通して主体形成する実践でもある[10]。

　障害者福祉制度は，2000年代になって大きく展開した。社会福祉構造改革のなかで，サービス提供が措置制度から契約制度に移行し，同時に民間事業者がサービス提供者として力を発揮するようになった。相談体制が整備され，サービスのメニューも多様化した[11]。障害者福祉の発展は，障害者青年学級の位置づけにも大きくかかわっている。かつて，障害者が参加することのできる活動が十分でなかった時代には，障害者青年学級は「障害者が楽しみに出かけていく唯一の行き先」であったり，「障害者がさまざまな人とかかわる数少ない機会」であったり，「障害者が生活上の諸課題について相談できる場」であったりした。障害者の生活上の課題に総合的に対応する実践であった障害者青年学級は，障害者福祉サービスの充実によって，限定された機能を担うことを要請されるようになっていった。

　社会の機能分化により，社会福祉サービスが充実していくに従って，社会教

育の本質とは何かということが問われる。煎じ詰めれば，自己教育・相互教育を通した主体形成という理念に立ち戻るのではないか。つまり，同じ境遇に置かれた人たちどうし（ピア），あるいは多様な立場の人たちが，それぞれのかかえる課題のなかから公共的課題を見いだし，その課題をめぐって学びあうことを通して，状況をコントロールする力をつけていくという学習過程の支援である[12]。

(2) **社会福祉実践のなかの社会教育**

社会福祉サービスは，利用者の生活全般を対象とする。入所施設はいうまでもないが，通所施設であっても同様である。高齢者のデイケアでは，利用者を公民館に連れていって学習活動に参加させることは稀である。学習活動を行うにしても，デイケアのメニューとして学習活動を取り入れようとする。こうして，社会福祉サービスのなかに社会教育機能が取り込まれる。

なかには，社会福祉サービスの事業所が，利用者の主体形成への関与を積極的に行うこともある。たとえば，北海道の浦河町にべてるの家という精神障害者を対象とした事業所がある。この事業所は，他者の手に委ねて障害の治癒をめざすことよりも，精神障害者自身の主体的な障害とのかかわりを促すことを理念としている。「自分で付けよう自分の病名」「苦労をとりもどす」「三度の飯よりミーティング」などといったスローガンを掲げ，徹底的な話し合いに基づき，自分自身と自分の障害とのかかわりについて追究する「当事者研究」を奨励している。また，精神障害者のかかえる課題は過疎の進む浦河町の課題と重なっているという自覚が，地域名産の販売への取り組みなどの活動を特徴づけている[13]。

社会福祉サービスは，利用者の生活全般にかかわる支援を行うことが多い。そうした支援のなかでは，利用者個々人の個別的な課題が表出されるが，社会福祉サービスが，それらの個別的な課題を「個人的な問題」として理解するか，あるいは「社会的な問題」と結びつけて理解するかによって，対応の質が変わってこよう。たとえば障害者のかかえる課題を，障害者の機能障害に原因する

問題としてとらえるなら，課題解決のためには機能障害の改善が求められることになる。個別的な課題は，「個人的な問題」として，障害者自身が個々に取り組むべき課題となる。しかし，障害者がかかえる問題の多くは，社会とのかかわりのなかで生まれているという点に着目すれば，それらを障害者自身の経験に即して再定義し，「社会的な問題」と結びつけていくことができる。べてるの家の実践の特徴の1つは，そのような社会福祉課題を，個々の経験に即しつつ社会的な文脈で読み替えているところにあるといえよう[14]。

　高度経済成長期には，福祉国家政策のもとで多くの資源が社会福祉に投下された。しかし1980年代半ばから，財政状況の悪化，社会の高齢化の進行を背景として，社会福祉も競争による効率的な運営が迫られるようになった。社会福祉サービス事業所の生き残り戦略が，制度によって決められた事業内容に集中することである状況のなかでは，社会福祉課題もまた制度的に定義される傾向が強まる。そもそも，社会福祉関連法や制度によって規定された社会福祉システムが，社会福祉サービス利用者を丸抱えする構造に問題がある[15]。社会福祉サービス利用者も，多層的なシステムを出入りすることによって自律性が保たれる。

　そのように考えると，社会教育と社会福祉との関係について，社会福祉サービス利用者の自律性の観点から整理することができる。すなわち，社会福祉サービス利用者の観点から，"すべての国民があらゆる機会，あらゆる場所を利用して，自ら実際生活に即する文化的教養を高め"（社会教育法第3条）ることを目的とした社会教育システムを，社会福祉サービス利用者の保護を目的の1つとする社会福祉システムから相対的に独立したものとして存立させる。そのうえで，社会教育システムのなかでは「サービス利用者」としての顔ではない主体として存在し，自己を再定義することができる関係，さらに個々人のかかえる課題を「社会の問題」に結びつけていく実践を追求するということである。

(3) 社会教育と社会福祉の境界領域

　子どもを対象とする社会福祉サービスは，社会教育機能を含み込みやすい。

子どもが保護される存在であると同時に，発達する存在でもあるということは，社会的に合意を得やすい。たとえば学童保育は児童福祉サービスの1つであるが，厚生労働省が定める正式名称は「放課後児童健全育成事業」である。つまり，学校外で組織的に子どもの成長を保障する場という機能をもつのである。その意味では，学童保育はまさに社会教育の現場そのものだということもできる。

学童保育を社会教育の現場としてとらえた場合，さまざまなインフォーマル教育の実態が浮かび上がる。遊びを介した学び，異年齢の子どもどうしのかかわり合いから生まれる学び，障害児と非障害児の間に生まれる相互の学び合い，おとな（指導員や地域の人々）とのやりとりを介した学び，子育てにかかわる保護者の学び，指導員や地域の人々が子どもの問題に直面することによって得られる学びなど，多様な人々のかかわり合いから生まれる学びがみえてくる[16]。

高齢者の学習支援もまた，社会福祉サービスとして展開されたり，社会教育サービスとして展開されたりする，境界領域である。リタイアした高齢者が，新たな社会関係を築きながら生き生きとした生活を楽しむこと，あるいは人生の終末に向けて準備を進めることは，社会福祉課題であると同時に社会教育の課題でもある。また，高齢者を介護する家族，あるいは地域住民が介護や老いについて学んだり，介護に追われる日常からのリフレッシュを図ったりといった活動も，社会福祉の活動であると同時に社会教育の活動でもある[17]。

生活者の次元から考えるなら，学童保育や高齢者教育が，社会福祉に属するか，社会教育に属するかなどといった議論は不毛でしかない。社会教育が重視しなければならないのは，こうした実践が，いかなるシステムに属していようとも，人々の生活のなかから生起する課題を学びに結びつける観点をもっているかどうかである。そうした観点は，システムのなかで人々が対象化され非人格化されるリスクに対して，人々が主体的に自分の人生を生きることを促す。

3　地域社会にある学習課題とコミュニティワーク

(1) 社会教育と社会福祉との相対的独立性

　社会教育と社会福祉は，それぞれ独立した制度をもち，異なる機能を担っている。しかしながら，確認してきたように，社会教育の機能と社会福祉の機能とは相互に入れ子状態となっている。つまり，社会福祉のなかに社会教育の機能が内在し，社会教育のなかに社会福祉の機能が内在している。ルーツが同じであるところからも当然のことといえるかもしれない。それでも，両者が相対的に独立したシステムを構築していることの意味を改めて考えておきたい。

　社会福祉サービス利用者が主体的な存在として立ち現れるためには，社会教育と社会福祉の重層的なコミュニティは有益である。社会福祉サービスは，社会福祉サービス利用者の生活全般の支援を対象とすることがある。支援は管理と裏腹な関係でもある。施設入所型の社会福祉ではなく地域福祉を推進するのは，利用者の生活を丸ごと支援する施設入所型の社会福祉が，利用者に対する強い管理を伴うからでもある。管理された利用者は，主体的な存在であることを制約される[18]。入所施設で暮らしている人たちが主体的な存在として立ち現れてくるためには，少なくとも入所施設以外のコミュニティにも属している必要がある。入所施設での生活を相対化することなしに，入所施設を主体的に利用するということはありえない。

　たとえば，障害児を子どもにもつ親にとって，同じ立場の親とのネットワークが重要であるといわれており，セルフヘルプグループが組織されることがある[19]。親たちは社会福祉，医療，教育などのサービスを利用しながら生活を組み立てるが，サービス利用者として客体化された自己を，親どうしのコミュニケーションを通してサービスを利用する主体としての自己として取り戻す。重層的なコミュニティの間を自由に行き来することができることは，現代人が主体的な存在であるための条件ともいえる。社会教育は，学習を介したコミュニティを形成し支援することを通して，社会福祉サービス利用者が主体的な存在であるための条件に貢献することができる。

また，社会福祉課題は，社会教育と社会福祉の双方にとって重要な課題でありえるが，そのスタンスには差異がある。社会教育は，住民が学習課題としての社会福祉課題について学ぶことを支援する。他方社会福祉は，学習を通した課題解決だけでなく，社会福祉サービス利用者のニーズを擁護し，政治的な課題解決をも図ろうとする。

　社会福祉課題は利害関係が伴うことがある。たとえば施設コンフリクトという言葉がある。社会福祉施設などの建設に住民が反対運動を起こす事態をさす。地域福祉の充実のために，地域社会のなかに保育園や高齢者施設，障害者施設などの建設が必要になることがある。それらは地域社会のニーズに基づいている一方で，同時に「迷惑施設」とみなされることもある。「どのくらいの地域福祉の資源をいかに配置するか」といった社会福祉課題は，地域社会のなかの利害関係を表面化させる課題になりえるのである。

　公民館の事業などでは，こうした利害対立のあるようなテーマは避けられがちである。しかし，自分たちの住む地域をどのような方向に発展させていくかということは，住民たちのコミュニケーションを通して決定していくべきものである。そのためには利害対立を含む地域福祉課題について，住民たちは積極的に学ぶ必要がある。本来の理念に基づくなら，社会教育は地域福祉課題に正面から取り組むべきなのである。

(2) 機能分化の負の側面

　共通するルーツをもつ社会教育と社会福祉は，社会の成熟とともに機能分化し，独立したシステムを形成してきた。一方が人々の学びを支援し，他方が人々の福祉を実現するといった機能分化は，合理的であり必然的でもあった。

　とはいえ，機能分化には負の側面もある。2つの機能の間に落ち込んで見えにくくなる課題や，2つの機能が協働して解決すべき課題などは，機能分化によって扱いにくくなる。前者はたとえば両機能による支援が行き届かない青年や子どもの貧困問題などであり，後者の代表例として地域における社会福祉課題への取り組みなどがある。こうした課題の解決のために，社会教育と社会福

祉を含め，分化した機能間の連携・協働が必要とされる[20]。

　他方，そもそも社会教育が機能分化によって弱体化し，「実際生活に即する文化的教養を高め得るような環境」(社会教育法第3条)の醸成に貢献できていないというとらえ方もある。たとえば，社会教育の専門性の中心にコミュニティワークが位置づけられるべきであるが，その専門性を切り捨ててきたために，社会教育の中心的課題であるはずの青年問題に対応する能力を失ったとする議論がある[21]。

　コミュニティワークとは，地域にある課題を発見し，その解決のために社会資源を結びつけ，住民の主体的関与を促進する地域援助技術である[22]。大橋謙策は，社会教育職員は，①住民の相談相手，生活診断者，②住民の生活課題や学習課題を明確化する力をもつ者，③各関係機関・団体の連絡調整者，④ケースワーカー，⑤住民としての協同者といった機能を担うコミュニティワーカーであるべきだとする議論を展開した[23]。

　第二次世界大戦後，民主的で文化的な平和国家を建設していくことを理念として社会教育の体制が整備されていたころ，社会教育職員の仕事は，住民との会話を大切にし，住民がかかえている潜在的な課題を掘り起こし，学習に結びつけていくことへの熱意に支えられていた。こうした仕事は，社会教育の制度化が進むのとは裏腹に，その機能がやせ細り職員が官僚化していくなかで，追いつめられていった[24]。

　現在，地域社会で支援を受けながら生活する障害者，独居高齢者を含む高齢者世帯，外国人，失業者，ニート，母子・父子家庭などが増加し，地域社会に潜在する社会福祉課題は大きくなっている。こうした課題は，社会福祉サービス利用者を増加させるだけでは対応できなくなっている。住民どうしのかかわりを増やし，相互支援のネットワークを形成することで，社会的排除とたたかい，インクルーシヴな社会の形成をめざす必要がある[25]。

　社会教育は，改めてインクルーシヴな社会の形成のために貢献することが求められる。かつて公民館が民主的で文化的な平和国家の形成に向けて教育活動を展開したように，今また複雑化した社会的課題に対して，人々の生活課題か

ら掘り起こして学習に結びつける活動が必要になっている。社会を分断している社会の諸機能を人々の生活に身近な場において統合し，多様な課題，多様な住民を相互に関係づける実践が展開されなければならない。そうした文脈のもとで，地域のなかに「たまり場」や「居場所」の必要性が主張されてきた。かつて公民館に障害者青年と非障害者青年が協働して運営する「コーヒーハウス」を創出した平林正夫は，自らの実践を"「福祉的」であり，単なる学習にとどまらず運動的であるという点で，社会教育という枠をはみ出していると言わざるをえない。「たまり場」はこのようなマージナルな場である"と述べている[26]。現在さらに深刻化した多様な排除や孤立，貧困などの課題が，地域社会にあふれている。分化した機能を超えて，人々の生活に密接に結びついた学びの場づくりが地域のなかに求められているのである。　　　　　（津田　英二）

● 注 ･･･････
1) 内閣府『平成24年版障害者白書』2012年，p.19.
2) 社会教育研究会「社会教育設置の急務」『社会と教化』第2巻10号，1922年10月，p.3.
3) 大橋謙策『地域福祉の展開と社会福祉』全国社会福祉協議会，1991年，p.80.
4) 全国社会福祉協議会『福祉教育ハンドブック』1984年.
5) 小林繁編著『学びあう「障害」』クレイン，2001年など.
6) 小川利夫・大橋謙策編『社会教育の福祉教育実践』光生館，1987年など参照。
7) 横塚晃一『母よ！殺すな』生活書院，2007年参照。
8) 自立生活運動は，障害者の一人暮らしに価値がおかれるが，それを実現するための社会生活に関する学習プログラム（自立生活プログラム）を開発するなど，ノンフォーマル教育の要素を多分に含んでいる。全国自立生活センター協議会『自立生活運動と障害文化』現代書館，2001年参照。
9) 津田英二『知的障害のある成人の学習支援論』学文社，2006年，pp.156-224.
10)「障害者青年学級」という名称は，1999年に廃止された青年学級振興法に基づいて設置する自治体が多かったために使用されたが，この法律に依らない実践も含めて一般名詞として使われている。小林繁編著『学びのオルタナティヴ』れんが書房新社，1996年，参照。
11) 障害者福祉制度は，2003年の支援費制度，2006年の障害者自立支援法，2013年の障害者総合支援法とそれにかかわる障害者団体の運動を通じて発展してきている。

12) 道具としての制度が臨界点を超えて巨大化すると，人間の無能力化，自然破壊を引き起こすというイリイチ，I. の議論を想起する。制度に対して人間が主体性を確保するための機能が，社会教育に求められる。イリイチ『脱学校の社会』（Deschooling Society, 1970）東洋，小澤周三訳，東京創元社，1977 年参照。
13) 浦河べてるの家『べてるの家の「非援助論」』医学書院，2002 年。なお，べてるの家の実践を社会教育の視点から考察した論考もある。小林繁「精神障害の豊かな学びとしての場（トポス）づくり」『明治大学人文科学研究所紀要』No.52, pp.153-169 など。
14) マイノリティ・スタディーズの１つに障害学がある。障害学は，障害の問題を障害者の「個人的な問題」として捉える従来の見方（障害の個人モデル）ではなく，それを「社会の問題」として取られる見方（障害の社会モデル）を取り入れることを出発点にした学問分野である。石川准・長瀬修編著『障害学への招待』明石書店，1999 年参照。
15) 「支援」編集委員会編『支援』Vol.1，生活書院，2011 年．
16) 日本学童保育学会『現代日本の学童保育』旬報社，2012 年．津田英二「民間学童保育所における子どもとおとなの学び」『神戸大学大学院人間発達環境学研究科研究紀要』7(2)，2014 年，pp.113-124.
17) 堀薫夫編著『教育老年学の展開』学文社，2006 年．
18) 「10 万人のためのグループホームを！」実行委員会編『もう施設には帰らない』中央法規，2002 年．
19) 久保紘章・石川到覚編『セルフヘルプ・グループの展開』中央法規，1998 年．
20) 2008 年の中央教育審議会答申「新しい時代を切り拓く生涯学習の振興方策について」は，「連携・ネットワークと行政機能に着目した新たな行政の展開」という語を用い，"地域における教育力向上を図る上で，行政がその調整役となり，関係者が連携をし，多様な地域の課題等に応じた機能を持つネットワークを構築することにより，個別の課題に関係する地域の人々が目標を共有化した上で連携・協力し，課題解決等を図っていくことは有効である"と述べている。
21) 乾彰夫「労働・コミュニティからの排除と若者支援」日本社会教育学会編『労働の場のエンパワメント』東洋館出版社，2013 年，pp.56-67.
22) 類義語にコミュニティ・ソーシャルワークがある。これは社会福祉に特化した援助技術を指す語であるが，しばしば混同して使用される。高橋満『コミュニティワークの教育的実践』東信堂，2013 年参照。
23) 大橋，前掲書，pp.85-89.
24) 島田修一・藤岡貞彦編『社会教育概論』青木書店，1982 年．宮坂広作『現代日本の社会教育』明石書店，1987 年．

25) インクルーシヴな社会とは，"誰もが「特別な支援」を受ける権利をもち，かつ「特別な支援」を受けることが通常の社会からのいかなる「排除」をも意味しないような社会"をいう。津田英二監修／神戸大学ヒューマン・コミュニティ創成研究センター・障害共生支援部門編『インクルーシヴな社会をめざして』かもがわ書店，2012年，p.5.
26) 平林正夫「『たまり場』考」長浜功編『現代社会教育の課題と展望』明石書店，1986年，p.162.

第6章
社会教育と市民活動

1 「市民活動」をとらえる視点

　今日,「市民活動」の意義を行政や企業の活動との比較においてとらえる議論は実に多い。一定圏内での公平性や安定性を重視する行政や,営利の追求を行動原理とする企業では対応しがたいさまざまな社会的課題を前に,自発性を基礎として柔軟に迅速に対応する「市民」の活動に多くの期待が寄せられるのである。こうした期待は,直接的には1995(平成7)年の阪神淡路大震災を契機としたボランティアに対する人々の認識の変化や,1998(平成10)年の「ボランティア活動をはじめとする市民の自由な社会貢献活動」の促進を目的とした特定非営利活動促進法(通称 NPO 法)の施行によって高まったといわれるが,その背景には,1980年代以降の行政の役割の見直し,規制緩和や地方分権という行財政改革の流れがあることもまた,指摘されることである[1]。

　社会教育の領域においても,こうした時代の流れに沿った議論は活発であり,とりわけ近年は,一方を行政,他方を「市民」として両者の「連携・協働」を構想する議論が非常に多い[2]。しかし,「市民活動」が「市民」同様に一定の今日的意味が付与された概念であることに留意するならば[3],「社会教育と市民活動」という主題についても,今日的な議論の枠組みにとらわれず幅広く考えてみるほうがよいであろう。関連する諸概念[4]―「住民運動」「市民運動」「ボランティア活動」など―がとらえてきた,人々の自発的で集団的な活動を視野に入れて考えてみるならば,「市民」の活動を,行政・企業に対抗的な,あるいは行政・企業から独立的な活動としてとらえる議論には一定の蓄積があり,「連携」という文脈でとらえる議論は,主流ではなかったともいえる。「市民活動」に学習活動を含める議論もあれば,「市民活動」と学習活動を一応区分し

てその連関に注目を促す議論もある。「市民活動」を担う集団・団体に注目する議論，集団・団体を構成する個人の認識や行動に注目する議論，集団・団体間の関係や人々の関係に注目を促す議論と「社会教育と市民活動」をめぐる議論の幅は大きいが，この間の議論の関心は，主には人間形成的な機能への関心と，社会的機能への関心とに大別してみることができるであろう。1つは，運動・活動のなかで自ずと生起する学習や意図的計画的に行われる学習活動を意義づけ，その担い手の認識変容を期待する議論であり，もう1つは，運動・活動が外部に対して学習支援を行っていることを意義づけ，その担い手に，行政とは異なる社会教育の担い手としての役割を期待する議論である。

2 学習活動としての「市民活動」

(1) 「学習運動」への関心

　人々が自発的集団的に組織する学習活動のうち，国・行政や企業に対抗する意味合いをもつものは，「学習運動」と呼ばれ意義づけられてきた。たとえば，社会教育行政の整備が図られた大正期に各地で発足した「自由大学運動」や「夏期大学」の取り組みは，当時文部省が全国の大学等に委嘱し実施した成人教育講座に対するものとして，都市の労働運動のなかで組織されたさまざまな「労働学校」も，学校教育制度の拡充を急務とする当時の教育政策とは離れたところでの実践として，注目されてきたものである。また敗戦直後には，新たな学問と教育をめざす知識人が主導する文化活動が全国各地で展開したことが知られる。「左翼的」との批判を受け数年で解散に至るものがほとんどだが，中井正一による尾道青年講座，木部達二らによる庶民大学三島教室，新村猛らによる京都人文学園，三枝博音らによる鎌倉アカデミアなどは，その後に続く人々の学習活動の地盤を形成した意味の大きな事例である[5]。また1950年代には無数の小集団が生まれ，自らの生活現実と向き合い「書く」「話し合う」ことを軸とした学習活動を展開しているが，なかでも無着成恭が主導した「生活綴方運動」に影響を受けた「生活記録運動」，そして1970年代から後藤総一

郎が主導した「常民大学」の運動や色川大吉の提起した「自分史」の運動などは，権力ではなく民衆の目からみた史実を明らかにする実践として評価されてきたといえよう。1950年代に日本青年団協議会の指導のもと展開した「共同学習運動」は，1953（昭和28）年に法制化された青年学級に対するものとして，1960年代以降続く「生産大学」「農民大学」の活動も，1961（昭和36）年の農業基本法制定以降の農業政策に対するものとして，評価されてきたものである。

(2)「市民文化活動」の展開

　いっぽう，1980年代には，人々が自発的集団的に組織する学習活動のうち，国・行政とも企業とも基本的に無関係に展開するものを「市民文化活動」と呼び，社会教育行政批判がなされた[6]。たとえば，1979（昭和54）年に発足した「吉祥寺村立雑学大学」およびそれに倣った各地の「雑学大学」[7]の動向などに注目する議論で，政治的な志向をもたず，経済的なゆとりを享受するなかでの，「成熟した市民」が楽しみとしてかかわる「市民文化活動」の自律性が評価されたのである。1990年代には，学習者の主体的な参加によって運営される学習機会を「市民大学」と総称して注目を促す議論もなされている[8]。

　こうした「市民活動」の活性化とともに，参加・体験型の学習方法を用いたり[9]，「食事・お茶・お酒」を介在させるなど学習環境を工夫したり[10]，立場の異なる人々や初対面の人々が集う，単発的な学習機会が広くみられるようになったことを指摘できる。一般的な関心は低い主題を先駆的に取り扱うことも多い「市民活動」においては，人々を惹きつけるための工夫がこらされてきた。それらのユニークで分かりやすいコンセプト，パッケージ化・マニュアル化され部分的な援用も可能な学習方法などが，各地の行政・民間の諸機関で試みられるようになっているのである。発案者を特定できる固有名詞の取り組みとして，「だがしや楽校」[11]や「カタリ場」[12]，「ビブリオバトル」[13]や「ラーニング・バー」[14]などからの流行をあげることができるだろう。

　また近年では，さまざまな教育的課題をテーマに，インターネット上で意見や情報交換を行い，ときには対面での勉強会や調査活動に発展させ，ときには

それらの議論をまとめて著書として出版するような，フットワークの軽い人々の発言が影響力を増している[15]。あるいは，たとえば，「公共図書館」のあり方を示唆する先進的な活動を行っている諸機関を顕彰する民間の取り組みが，国の図書館行政を方向づけるような動向もあれば，同業・同好の人々の間で考案され活用されてきた種々の「検定」「資格」が広範に流通するようになるなかで，国がそれらを一元的に「評価」しようと試みる動きもある[16]。「市民活動」の担い手どうしが自由に交流を広げ，対外的な情報発信や問題提起を行うようになるなかで，従来，「先駆的事例」や「教育的課題」を可視化する作業を担ってきた（はずの）研究者あるいは行政の関与のあり方が問われているともいえよう。

3　「市民活動」に内在する学習

(1)　「大衆運動」と学習

　社会教育の意義を「大衆運動」との関係でとらえる議論が提起されるのは，1960（昭和35）年を境にする安保闘争を経て所得倍増計画が進行するなかでのことである[17]。政治権力に対抗する国民的運動，経済開発への抵抗として各地で展開した住民運動，その底流で活発化した小集団の活動を「国民の自己教育運動」[18]としてとらえる議論は，その後まとめられる多くの「社会教育実践史」[19]の基底をなしてきた。それらが注目したのは，たとえば世界的な原水爆禁止運動につながる東京都杉並区の公民館での学習活動・「杉の子会」や，静岡県の三島・沼津での石油コンビナート建設反対運動，平和問題や老人問題などさまざまな政策的課題について提言活動を重ねていった「草の実会」などであり，専門家・識者の協力を得て学習会や調査見学などを重ねながら進められたもので，運動の担い手が，自分自身の生活実感と政治的・経済的な大状況とを結ぶ「社会科学的な知」を獲得していく過程が注目され，体制批判的な言動を洗練させていく過程が記述されたのである。

　実際に諸運動は，政府・自民党に対抗する社会党・共産党が中心となる革新

自治体の成立に影響を及ぼすが、革新都政のもと、1973（昭和48）年に出された東京都社会教育委員の会議「東京都の自治体行政と都民の社会活動における市民教育のあり方について（答申）」は、"市民運動や住民運動など都民の生活を守る社会活動の中に存在する市民教育的学習の意義に注目し、それを重視する立場"（まえがき）からまとめられている[20]。

　社会教育の観点から「市民運動」に注目されるのは、「市民運動」がそれ自体市民形成の「学習運動」という性格をもっていること、さらにその展開過程では目的意識的、組織的・計画的な学習活動を行う場合があり、市民としての自己形成に大きく貢献する場合が多いことによるが、しかし現実には、学習者と支援者・指導者との関係が一時的・断片的である社会教育の領域で、支援者・指導者が学習者の意識変革にコミットすることは非常に困難であり、学習者の意識や心理の変化を追うことそれ自体ほとんど不可能に近い試みであることも、指摘されていたことである[21]。1980年代以降には、女性解放運動や環境保護運動、マイノリティの人権擁護を掲げる運動など、党派や地域や社会階層を超えた運動が広がるが、それらは、社会を構成する一人ひとりに既成概念のとらえ直しやアイデンティティの問い直しを迫る運動であり、担い手の意識変容の方向性は、その多様性や差異こそが尊重されるべきであって、あらかじめ一定の方向性を期待する議論の枠組みではとらえがたかったといえよう。

(2)　ボランティア活動と学習

　ボランティア活動に潜在する成人教育機能についての議論は以前から提起されていたが[22]、ボランティアを学習者としてみる見方が広く受容されるのは、1992（平成4）年に生涯学習審議会答申「今後の社会の動向に対応した生涯学習の振興方策について」が出されて以降だといえるであろう。生涯学習とボランティアの関係を、①ボランティア活動そのものが自己開発、自己実現につながる生涯学習となる、②ボランティア活動を行うために必要な知識・技術を習得するための学習として生涯学習があり、学習の成果を生かし深める実践としてボランティア活動がある、③人々の生涯学習を支援するボランティア活動によ

って，生涯学習の推進が一層図られる，と3つの視点から整理したもので，今日「市民活動」に内在する学習をとらえる視点としても理解できるであろう。

その後の動向として，1つには，ボランティア活動の教育的効果を期待した学校教育の取り組みが顕著となっていることを指摘できる。2001 (平成13) 年には学校教育法および社会教育法が改正され，青少年に対しボランティア活動，体験活動などの機会を提供することが市町村の教育委員会の事務として明記された (社会教育法第5条14)。また，大学等が扱う理念や理論を，実社会での課題解決的な活動を行うなかで体験的に学ぶ教育プログラムとして「サービス・ラーニング」への注目も高まってきた。

またもう1つには，ボランティア「個人」に注目する議論，個人として行う自由なボランティア活動よりも，ボランティア「団体」に注目する議論，組織として継続すべきボランティア活動への注目を促す議論の影響が強くなっていることも指摘できる。たとえば1999 (平成11) 年の生涯学習審議会答申「学習の成果を幅広く生かす—生涯学習の成果を生かすための方策について」では，学習成果を「ボランティア活動」に生かす意義について述べながら，「社会的な要請に応えて，問題解決能力を持つ専門性や継続性のある活動を進めるためには，個人やグループによるボランティア活動が，専任の職員や必要な施設，設備，ノウハウなどを備えた民間の非営利の組織体 (いわゆるNPO) による公益的な活動へと進展していくことが求められる。学習成果の活用を考える場合，個人としてのボランティア活動ばかりでなく，非営利の組織的な公益的活動に生かすことにも配慮することが大切である」とされている。そうした認識のもと，行政が，課題解決をめざす学習機会や成果活用を前提とした学習機会を準備したり，民間非営利団体のための研修プログラムや連絡・活動拠点を提供するなどの方策が検討されているのである。

4 学習支援を担う「市民活動」

(1) ボランティア活動としての学習支援

　ボランティアを学習支援者としてみる見方についても，生涯教育の観点から社会教育の議論や方法の体系化が図られるなかで，行政関係者を中心に包括的な検討がなされてきたことは，あらためて知る必要がある。社会教育にとってボランティアの検討が必要な背景として，①人々の多様な学習要求にこたえるために多様な指導者が必要となっていること，②知的蓄積や社会的関心の高まりを有する人々が，自己実現の方途を外向的・能動的なものに求めており，そうした場が求められていること，など説明し，社会教育とボランティアの関係については，①社会教育活動に対するボランティア活動，②社会教育活動の一環としてのボランティア活動，③ボランティア活動がもつ教育的効果という3点から指摘し，「社会教育活動に対するボランティア活動」として社会教育事業における講師・助言者・世話役としての協力や，社会教育施設における学習相談や講座などの開催協力といったことを例示する，包括的な議論がなされていたのである[23]。社会教育調査が，社会教育施設などの職員数について「兼任」と「非常勤」を区別して調査するようになるのは昭和59年度調査から，「ボランティア活動状況」を調査項目に加えるのは昭和62年度調査からで，1986 (昭和61) 年には社会教育審議会社会教育施設分科会報告「社会教育施設におけるボランティア活動の推進について」が出され，①ボランティアの発想が社会教育施設の運営や事業に新しい工夫をもたらし施設をより多くの人々に親しまれるものにする，②ボランティア活動にいそしむことは，その人々にとって自己実現の道であり，社会教育施設は，その志を生かす格好の舞台となる，との議論を提示している。また同時期には，生涯学習支援の観点からの指導者論として，「社会教育においては，多様な人が，それぞれ特定機能に限定した指導者となるのであり，時間・場面が限られたなかで指導者としての機能を果たす人が少なくない」[24] ことを指摘し，「パートタイム指導者」「有志指導者」などの意義に注目する議論も示されていた。

社会教育施設の利用者が，職員から個人的に声をかけられて施設の運営を手伝うなかで，あるいは行政主催の「生涯学習ボランティア養成講座」などの修了者を主体とする自主グループが，行政主催の講座などの運営にたずさわるなかで，一定の対外的な責任を引き受け活動の組織化の度合いを高めていくとか，行政からの自律性を高め独自の活動を組織化していくといった動きも珍しくはなかったといえよう[25]。

　この間の，社会教育施設などにおけるボランティアや非常勤職員に関する動向は，行政の専門的職員が専任で学習支援を行うことを最善とみる立場からは，社会教育行政の合理化のなかでの安上がり政策の一環であるといった批判がされてきたが[26]，NPO の法制化や，2003（平成 15）年の地方自治法改正によって社会教育施設の運営に指定管理者制度の導入が可能となったことなどを受け，民間の諸機関の活動が無視しえなくなるなかで[27]，かつての批判的見方が強調されることは少なくなっている。

(2) 団体の活動としての学習支援

　人々の自発的集団的な学習活動を援助する制度として，1949（昭和 24）年社会教育法に規定された「社会教育関係団体」の制度がある。「法人であると否とを問わず，公の支配に属しない団体で社会教育に関する事業を行うことを主たる目的とするもの」（第 10 条）と定義され，1971（昭和 46）年の社会教育審議会答申では，「構成員の学習・向上を主とする団体」として子ども会，地域青年団，地域婦人会，PTA などの地域団体を，「もっぱら対外的な社会教育事業を行なう団体」として社会通信教育実施団体，視聴覚教育の振興を図る団体，知識・技能の審査事業の実施団体などの目的団体を，具体例にあげている。諸団体の自律性を損なわない行政支援のあり方をめぐっては制定当初から議論があり，制定時には，憲法 89 条の適用上「補助金を与えてはならない」（第 13 条）ことを規定し，「ノーサポート・ノーコントロール」の原則を明確にしていたが，1959（昭和 34）年の法改正によって，「教育の事業に該当しない事業」に対しては，補助金の支出を可能とする（「サポート・バット・ノーコントロール」の原則）規定

がなされることとなったものである。

　行政は補助金交付以外にも研修への講師派遣や施設の優先的利用を認めるなどの支援あるいは事業委託というかたちでの支援を行ってきたが，1998（平成10）年の生涯学習審議会答申では，「これまで，社会教育行政は，社会教育関係団体の活動を重視し，奨励すべき活動に対して補助金を交付して支援する等，連携を密にとってきた。その結果，団体側も行政の支援を前提とした事業展開となり，本来の自律的な意識が希薄となった」と述べられ，2013（平成25）年の「第六期中央教育審議会生涯学習分科会における議論の整理」では，「生涯学習・社会教育関係団体が，それぞれの設立の趣旨・目的に沿って，自立した活動を持続的に展開していくため」に，団体の自己評価・情報公開の取組や民間資金の活用を促進することなどを示唆している。こうした議論は重要であるが，しかし同時に，「社会教育関係団体」の認定の基準が不分明であったり，補助金交付の決定をめぐる手続きが形骸化していることを不問にしてきた自治体がほとんどであり，学習活動のための助成を求めるグループ・サークルなどへの支援についての検討も不十分なままであったことなど[28]，行政側の怠慢を棚上げにしてはならないであろう。

5　「市民活動」に注目する意味

　もともと人々の自発的で集団的な活動の多くは，自然に発生し自然に消滅するものがほとんどであって，その実態を網羅的・体系的に把握することは不可能である。人々が自発的であるかどうかということも，いつ誰がどのように判断しうるのか，多分に曖昧である。すでに1980年代には，人々が集まる個人的契機や，集まりを生み出す社会的契機が不透明となってきたことが指摘されるが[29]，さらに昨今のソーシャルメディアを通じた活動，他者との対面的な接触は伴わず思考の記録も残さない運動の輪郭は不透明で，実体はとらえがたい。「市民活動」の担い手自らが精力的に情報発信をするようにもなっているが，援用しやすく耳ざわりのよい技法やキャッチフレーズが独り歩きするかたちで

広まっていく傾向も否定できない。現実のさまざまな活動のうち，どのような活動が，どのような観点から，「市民活動」として注目されてきた／いるのか，それ自体を理解しようとすることはますます重要になっているのである。

　内閣府調査では，2014（平成26）年9月現在5万近くあるNPO法人のうち半数弱が「社会教育の推進を図る活動」を行っているという。各法人の社会教育理解はさまざまであり数値の解釈は簡単ではないが，NPO法人格の取得などには頓着しないで活動する集団・団体の数ははかりしれないといえよう。そもそも「活動の種類」に掲げられているそのほかの活動は，「まちづくりの推進を図る活動」「子どもの健全育成を図る活動」「環境の保全を図る活動」「地域安全活動」「男女共同参画社会の形成の促進を図る活動」など，すべて，それ自体が社会教育の一分野をなすものだとみる見方もある。自らの活動を「社会教育」の活動として認識することなく，社会教育の推進を担っている人々は非常に多いのである。それらの人々が，自身の活動を意味づけるものとして「社会教育」の概念や考え方や事例にふれる機会が増え[30]，自らの活動を「社会教育」として積極的に位置づける人々が増えることが，全体として「社会教育」の領域に弾みをつけることになるのだろう。

　さて，あらためて，今日活発な「行政と市民との連携・協働」という枠組みでの議論についてみるならば，多くの自治体が，自治体経営の一端を担いうる「市民活動」の活性化と，「市民活動」に積極的に参加する「市民」の育成を課題とするようになっているが，社会教育の観点からは，人々の学習活動を，自治体経営の手段として考えることはできないのだということを再確認する必要があるだろう。社会教育行政はもともと地方分権的な考え方で整備されてきたものであって，住民の「脱地域化」傾向が指摘されて以降もずっと，地域への関心の喚起に腐心してきた経緯がある。人々の主体的な学習活動を通してまちづくりを進めようとする発想は，過去に社会教育の研究・実践を通して，何度となくみられたことである[31]。そうした，社会教育の研究的・実践的蓄積を反省的に継承することによって（行政の効率化と民主化をめぐる一般的な議論の整理や借用によってではなく），社会教育の特性をふまえた議論として展開するこ

とが，重要なのだといえよう。効率化をめざす自治体経営と，学習者それぞれの学習動機，学習のペースを尊重し，決して一律ではない多様な学習の展開の可能性を視野に入れようとする「非効率的」な学習支援のあり方は，親和的ではないのだということが，強調されてよい。

　また，学習支援を担う「市民」の存在は，行政の専門的職員の存在意義を厳しく問い直すものでもある。「市民」の役割や「市民」への期待を論じる以前の問題として，行政の役割や責任についての真剣な議論が求められているといえよう。

　「市民活動」への注目は，社会教育の特性や，社会教育行政の原理についての再考を促し，必然的に，これまでの社会教育の研究や実践の蓄積を紐解くことの重要性を認識させるものであるといえよう。　　　　　　　（伊藤　真木子）

● 注 ● ● ● ● ● ● ● ●

1) 1983年の第9次国民生活審議会総合政策部会報告「自主的社会参加活動の意義と役割—活力と連帯を求めて—」では，政府と市場が形成する「フォーマル部門」ではない，地域・家庭・グループやサークルなどが形成する「インフォーマル部門」において，同一の目的をもつ人々が自主的に参加し集団で行う活動を「自主的社会参加活動」と定義し，その活性化に向けた議論をしている。その後，①「市民」とは，広く所属や立場を離れて個人としての自由意志で発言し行動する人々，②「市民活動」とは，市民の自主的な参加と支援によって行われる活動，③「市民公益活動」とは，市民活動のうち特に公益的性格の強い一部の活動と整理し，公益的であるかどうかは立場や時代によって異なり，個々の団体について区分できるものではないことなどが説明されている。『市民公益活動基盤整備に関する調査研究』総合研究開発機構，1994年，p.2. 同調査研究がそうであるように，「市民活動」をめぐる議論のほとんどは，活動の公益性を重視しつつも，担い手としては広く市民活動団体全般を対象としているといえよう。

2) たとえば日本社会教育学会の年報の特集テーマは，1997年「ボランティア・ネットワーキング—生涯学習と市民社会」，2007年「NPOと社会教育」であり，1997年の所収論文では，社会教育の観点から「ボランティア」が問題になる理由として学習論的な側面と組織論・制度論的な側面とがあることが説明されていた（末本誠「社会教育の組織原理としてのボランティア問題」）が，2007年には組織論・制度論的な関心の高まりをうかがわせる記述がある（手打明敏「まえがき」）。また，日本生

涯教育学会では 2003 年の年報の特集テーマを「生涯学習と公共性」としている。
3) たとえば，1960 年代の「市民」論は反体制運動と連動したものだが，1990 年代以降の「市民」論は EU 統合などヨーロッパの文脈に依存していることが指摘される。佐伯啓思『「市民」とは誰か』PHP 研究所，1997 年.「市民活動促進法」の名称で検討されたものの，「市民」の語を避け，「特定非営利活動促進法」(NPO 法) として制定に至った経緯があることは知られるところだろう。
4) 運動と活動，住民と市民の相違については議論があり，担い手に注目する表現（労働者運動，女性運動など）や，目的に注目する表現（平和運動，環境保護活動など）もあり，行政施策との関連では社会参加活動，地域活動と表現されることも珍しくない。あるいはたとえば，『テキスト市民活動論―ボランティア・NPO の実践から学ぶ―』大阪ボランティア協会編，2011 年では，「市民活動論」と深く関係するものとして「ボランティア論」「NPO 論」「社会起業論」「CSR 論」「企業市民論」「市民協働論」を位置づけている。「関連する諸概念」に何を含めるかという判断それ自体が，議論の方向性・枠組みを表明するともいえるが，ここでは，個人の自発性に基づく集団的な活動をさす語として，あるいは，個人的な活動が新たな人との関係を生み集団的な活動へと展開することに意味を見いだす語として考えている。
5) 歴史的な評価については，碓井正久「国民の学習運動と社会教育行政との緊張」碓井正久編『社会教育』（戦後日本の教育改革 10) 東京大学出版会，1971 年，pp.26-31 および天野正子『「つきあい」の戦後史　サークル・ネットワークの拓く地平』吉川弘文館，2005 年に拠る。ほかに，藤田秀雄・大串隆吉『日本社会教育史』エイデル研究所，1984 年や福尾武彦・居村栄編著『人びとの学びの歴史（下）』民衆社，1994 年など，社会教育の歴史的研究（通史）のなかで注目されることの多い事例を示している。
6) 松下圭一『社会教育の終焉』筑摩書房，1986 年．なお，松下の議論の批判的検討として，鈴木眞理「社会教育の周辺―コミュニティと社会教育のあいだ・再考―」『社会教育学・図書館学研究』第 11 号，1987 年，pp.53-66 を参照のこと。
7) 生涯学習のまちづくり実行委員会『発見と感動の生涯学習―東京雑学大学の軌跡』日本地域社会研究所，2002 年，吉祥寺村立雑大学三十周年記念誌編集委員会『明かり灯して三十年』(2009 年）など。「吉祥寺村立雑学大学」の設立には松下圭一もかかわっている。
8) 田中雅文編『社会を創る市民大学―生涯学習の新たなフロンティア』玉川大学出版部，2000 年や瀬沼克彰『まちづくり市民大学』日本地域社会研究所，2010 年など。なお，これら「市民大学」で採用されている「市民参加」の仕組みの多くは，1970 年代革新都政下で考えられてきたもののバリエーションであるといえるが，宮坂広作『転形期の社会教育』協同出版，1978 年，pp.116-151 では，当時の「市民参加の

諸形態」を団体委嘱型，申請学級型，助言者任用型，市民公募型，学習者代表型と分類し特性や問題点を示している．
 9) たとえば雑誌『社会教育』の1994年10月号の特集テーマは「体験的参加型学習とワークショップ」，2013年8月号の特集テーマは「『カフェの学び』の魅力とは」である．
10) 成人の学習活動は，関連するさまざまな文化的行動を基盤として存在するものだということが，学習活動には「食事・お茶・お酒」への支出が伴う事実に注目しながら分析されたことがある．鈴木眞理「留置調査の結果にみられる特徴」倉内史郎・鈴木眞理・西村美東士・藤岡英雄『成人学習の生態学―成人学習の個別化状況を探る―』野間教育研究所，1993年，p.18. 中高年男性を対象とした企画ではしばしばみられた発想でもある．竹之内真知子「豊田市上郷公民館　本音で語る「居酒屋」講座」『社会教育』1999年9月号．博物館には，付設のレストランやカフェなどを楽しみに来館する人が多いことも容易に理解できよう．飯田郷介『美味しい美術館―美術館の雑学ノート』求龍堂，2012年．
11) 松田道雄『駄菓子屋楽校―小さな店の大きな話・子どもがひらく未来学』新評論，2002年．
12) 今村久美「無気力な若者が"カタリバ"を通して社会を変えていく」『環境会議』2010年春号，pp.286-289. 上坂徹『「カタリバ」という授業』英治出版，2010年．
13) 谷口忠大『ビブリオバトル　本を知り人を知る書評ゲーム』文芸春秋，2013年．
14) 中原淳『知がめぐり，人がつながる場のデザイン―働く大人が学び続ける「ラーニングバー」というしくみ』英治出版，2011年．
15) たとえば，学校広報ソーシャルメディア活用勉強会編『これから「教育」の話をしよう』インプレスR&D，2013年など．編者は，2011年8月フェイスブック上に設立した会員制のグループで，2013年3月現在，学校運営や教育問題，ソーシャルメディアに関心のある800人超のメンバーから成るという．
16) 2006年から毎年，NPO法人「知的源イニシアティブ」が主催してきた取組で，「Library of the Year」という称号を授与するものがあり，強い影響力を発揮するようになっている．また，文部科学省で平成22年度-24年度と「人材認証制度」に関する委託調査を行うとか，平成22年度には「検定試験の評価ガイドライン（試案）」を提示するといった動きが目立つ．
17) 宇佐川満・福尾武彦編著『現代社会教育』（新・教職教養シリーズ）誠文堂新光社，1962年など．いっぽうで，"学習の発展のなかにつらぬく論理" と "運動体の運動の論理" とを区別する必要性が指摘されていた．碓井正久「社会教育の概念」長田新監修『社会教育』（教育学テキスト講座第14巻）御茶の水書房，1961年，pp.44-46.

18)「国民諸階級の自由で自主的な教育・文化活動」を,「職場的形態」(労働組合等革新政党の指導のもと展開される運動),「市民的形態」(母親大会,日本子どもを守る会などのオポジショナルな教育活動を意味する文化運動と,ボーイスカウトなどのブルジョア青年運動),「地域的形態」(青年団・婦人会など)と類型化する議論がある。小川利夫「社会教育の組織と体制」小川利夫・倉内史郎『社会教育講義』明治図書出版, 1964年, pp.75-77. また, 1963年に大阪・枚方市教育委員会が発行した冊子『社会教育をすべての市民に』に示された「社会教育は大衆運動の教育的側面」といった規定を,「枚方テーゼ」と呼んで高く評価する議論もある。藤岡貞彦「社会教育実践と民衆意識(一)—枚方テエゼの歴史的意義」『月刊社会教育』1969年8月号, pp.59-65. など。

19) 戦後社会教育実践史刊行委員会編『戦後社会教育実践史』民衆社, 1974年, 千野陽一・野呂隆・酒匂一雄編著『現代社会教育実践講座』民衆社, 1974年,「月刊社会教育」実践史刊行委員会編『70年代社会教育実践史』国土社, 1980年,『社会教育実践双書』(1〜7)国土社, 1987〜1990年. など。これらを相対化しようとしたものとして,社会教育基礎理論研究会編『社会教育実践の展開』1990年,『社会教育実践の現在(1)』雄松堂書店, 1988年, 社会教育基礎理論研究会編『社会教育実践の現在(2)』1992年, 雄松堂書店など。

20) 1972年に都立立川社会教育会館(現都立多摩社会教育会館)に「市民活動サービスコーナー」が開設された(2002年閉鎖)ことは,社会教育行政が「市民活動」を支援する先駆的な取り組みとして特筆されるであろう。

21) 宮坂広作「社会教育学の変革と変革の社会教育学(二・下)—社会教育と主体形成」『東京大学教育学部紀要』第30巻, 1990年, pp.301-303. なお, 教育社会学における「住民運動」への注目や「住民運動」の担い手の意識変容の分析については,松原治郎編著『コミュニティと教育』学陽書房, 1977年を参照されたい。

22) 鈴木眞理「米国における Voluntary Association の研究—〈ボランタリズム〉研究へ向けて」『社会教育学・図書館学研究』第1号, 1977年および「成人教育研究における Voluntary Association の意義」『日本社会教育学会紀要』No.14, 1978年. 2つの論文はともに軽微な修正ののち, 鈴木眞理『ボランティア活動と集団—生涯学習・社会教育論的探究』(学文社, 2004年)に収録されている。

23) 伊藤俊夫「社会教育におけるボランティア論」辻功・岸本幸次郎編『社会教育の方法』(社会教育講座5)第一法規出版, 1979年, pp.37-60. ボランティアの「発掘・養成・活用」について, 行政の実際の事業や取組事例に即して示す議論もあった。岡本包治編著『社会教育ボランティア—発掘・養成・活用—』(講座現代の社会教育6)ぎょうせい, 1980年.

24) 上杉孝實「生涯学習を支える指導者たち」上杉孝實・岸本幸次郎編著『生涯学習

時代の指導者像』（生涯学習実践講座④）亜紀書房，1988年，p.10．
25) 大久保邦子監修『文化ボランティアガイド』（日本標準，2004年）には，社会教育施設におけるボランティアの意義を発信し続けてきた著者の取材によって，さまざまな具体的事例が収録されている．
26) 鈴木眞理「社会教育における非常勤職員とボランティアの位置」『生涯学習・社会教育研究ジャーナル』第2号，2008年，pp.201-220．
27) 白石克己・田中雅文・廣瀬隆人編著『「民」が広げる学習世界』（生涯学習の新しいステージを拓く 第5巻）ぎょうせい，2001年，NPOサポートセンター監修『教育関係NPO法人事例集（全5巻）』（第一書林，2012年）（文部科学省の委託調査の報告書だが市販されている）など．
28) 宮坂広作「学習団体に対する公費助成の問題」『東京大学教育学部紀要』第18巻，1978年，pp.83-100では，具体的で示唆の多い検討がなされている．
29) 天野，前掲書，p.2．
30) たとえば，「中国・四国・九州地区生涯教育実践研究交流会」は1982年に第1回「生涯学習実践研究交流会」として開催されて以来続いてきた民間の交流会だが，その社会的機能として，①実践者と研究者の研修の場，②人的ネットワーク・情報ネットワークの深化拡大の他に，③実践の社会的承認，④生涯学習の概念付与が指摘されている（大島まな「理論を生かし実践から学ぶ〈生涯学習実践研究交流会〉システムの成果—九州支部大会25周年の意味—」『生涯学習推進のさらなる飛躍をめざして』（日本生涯教育学会年報第27号）2006年，pp.48-50）．同交流会に集った人々が，同様の交流会を企画する動きも生まれている（2006年に山口県で第1回「人づくり・地域づくりフォーラムin山口」，2008年に愛媛県で第1回「地域教育実践交流集会」）．背景には，「市民」とともに活動する研究者や行政職員の存在があることに，注目すべきであろう．あるいは社会教育委員など行政委嘱委員の制度も，そうした循環を生む契機の1つであり，積極的な運用について，研究や行政として考えるべきことは多い．
31) 鈴木眞理「地域振興と生涯学習」鈴木眞理・小川誠子編著『生涯学習をとりまく社会環境』（シリーズ生涯学習社会における社会教育 第3巻）学文社，2003年，pp.201-212．

第7章
社会教育と企業活動

1 職業生活における学習の意味

　かつてわが国では、「日本型雇用慣行」と称される、新卒一斉採用に始まり、定年までの長期間を1つの企業で働き続ける就労の形態が一般的であった。年功序列がいきわたり、同一企業内における長期雇用という特徴をもつこの制度下においては一般に、職業人は新入社員をはじめとする中堅社員や管理職を対象とする階層別研修や、職種別研修などによって社員各層に向けた「企業内教育」により職業能力を磨いていた。それが、1990年代のバブル経済崩壊以降、長期不況や産業構造の変化などもあって企業と個々の労働者の関係に変化が生じると、日本型雇用慣行の見直しが進み、自己啓発や職業能力開発は自己責任において個人が対処するものになったといわれている。また、正規職員ではない就業形態で働く労働者（とくに若者層）の増加とともに、企業は人材育成にかける費用を縮小しているとされている。

　今日、学校を卒業して就職をしたあとの職業生活において、各人が学習を続けていくことの重要度が増しつづけている時代であるとみることができよう[1]。それは、産業構造の変化や社会の多様化、あるいは技術の進歩の急速化に伴い、職業そのものが大きく、速く、変化しつづけているからである。現代のような技術の進歩を基軸として著しい変化を伴う社会にいるということは、新しい環境やかつて経験のない事態に直面する可能性が高い社会にいるということである。そこで人々は、どのような未経験の局面にあっても、常に適切に対処できる能力を身につけておくことが必要とされているのだ。つまり、すでに職業人となり日々職務をこなしている者であっても、いつ訪れるかもしれない職務内容の変化に迅速に対処・適応するために、継続的な学習が必要となっていると

いうことである。働きながら，絶えず職業能力を磨きつづけていくことが求められているのである。職業生活における学習の意味は，今後ますます大きくなることはあっても，縮小されることはないであろう。

また，そもそも職業とは単に収入を得るためだけの営みなのかについても考察すべきなのであろう。人間形成や自己確立，自己実現という概念と職業との関連は時代とともに変化しているといえるが，とくに現代の若者は，自らの職業観の未熟さや進路意識・目的意識の希薄なままでの進学など，若者自身がかかえる問題の存在と同時に，産業構造や雇用環境，労働市場の変化といった社会構造にかかわる問題の影響を大きく受けている[2]。諸外国に比して，「自己有用感」や「自己肯定感」が低いといわれる日本の若者であるが，『平成26年版　子ども・若者白書』では，家族関係・学校生活とともに職場生活が充実し満足している者は，自己肯定感が高いとの結果が得られたと分析されている[3]。加えて，労働時間の短縮や休日の増加という観点や，働くことと生活の調和を図るワーク・ライフ・バランスの観点からも，働くということの意味をとらえる必要がある。

2　社会教育におけるキャリア教育・職業教育の位置づけ

(1)　キャリア教育と職業教育の異同

キャリア教育[4]とは何か，職業教育とは何かについては，それぞれ多様なとらえ方があり必ずしも1つにまとまっていない。2つの用語が明確に区別されておらず，どちらも職業に関する教育として同じに扱われることもある。それは，端的にいえば「キャリア」という言葉のとらえ方[5]によるちがいということになるだろう。キャリアをあくまでも職業に関するものに限定してとらえると，キャリア教育と職業教育の両者は非常に近いものとなる。

2011（平成23）年の中央教育審議会答申「今後の学校におけるキャリア教育・職業教育の在り方について」では，職業教育を「一定または特定の職業に従事するために必要な知識，技術，能力や態度を育てる教育」とし，キャリア教育

を「一人一人の社会的・職業的自立に向け，必要な基盤となる能力や態度を育てることを通してキャリア発達を促す教育」としている。この答申では，キャリアという概念を職業に関する経歴のみに限定してとらえるのではなく，人が職業人という役割以外に，家庭人や地域社会の一員といった社会的に多様な役割を担って自立した存在となること，そして，そうした多様な役割を継続して積み重ねていくことであると位置づけている。つまり，生涯にわたり積み重ねられていくさまざまなキャリアのなかの1つに，職業に関するものも含まれるというとらえ方である。とすれば，職業教育はキャリア教育のなかに含まれるということになるのだろう。

(2) **キャリア教育・職業教育の考え方の変化**

　かつての職業に関する教育とは，社会教育の領域において，すでに職業人となった者を対象として，職業のための知識や技術を学ぶことに重点がおかれていたといえるが，今日ではそれらに加え，就労前の若者に働くことの意義を教え理解させたうえで，自らの意思と責任で職業を選択できるようにする，いわば勤労観や就労意欲そのものを育てることの重要性が増しているといわれる。その背景には，若者の就職後3年以内の離職率の高さ[6]や，フリーターやニート，若年無業者など，そもそも就職を希望しない若者の存在とその増加に対する社会全体の危機感がある。未成熟といわれる勤労観や就労観，精神的自立の遅れ，目的意識の希薄さ，コミュニケーション能力をはじめとした基礎的・汎用的能力の不足などと指摘される若者のかかえる課題は，個人にとっての課題であると同時に社会全体に及ぼす影響も大きな課題である。

　そこで，かつての職業教育では扱ってこなかった社会的・職業的な自立の意味や就労意欲の育成などを，就労前の若者に教える必要が生まれたということなのであろう。先にあげた2011（平成23）年の中教審答申が示すとおり「若者の社会的・職業的自立」や「学校から社会・職業への移行」といった課題への取り組みが，学校教育の各段階に組み込まれているのである。小学校段階の家族や身近な人の仕事調べや，中学校での職場体験活動，高等学校での職業体験

活動などを通じて,「社会・職業の現実的理解を深めることや,自分が将来どのように社会に参画していくかを考える」体系的なキャリア教育が学校教育のなかでめざされるようになったのである。

(3) 社会教育における職業教育・キャリア教育

　これまで社会教育のなかで行われてきた職業教育の現状は,どうなっているのだろうか。平成23年度の社会教育調査で「学習内容別学級・講座数」をみると,「職業知識・技術の向上」に関する学級・講座の開講数が,非常に少ないことがわかる。都道府県・市町村教育委員会では880件(学級・講座数に占める割合0.7%),都道府県・首長部局：9348件(5.3%),公民館：3747件(1.0%),青少年教育施設：208件(1.4%),女性教育施設：745件(8.6%),生涯学習センター：317件(2.2%)である。女性教育施設における割合が一番高いとはいうものの1割にも満たない数値である。また,社会教育のなかで学級・講座という学習機会を提供する代表格といえる公民館において,「教養の向上」に関する学級・講座数は20万1511件(51.6%),そのうち「趣味・けいこごと」に区分される学級・講座数の17万4139件(44.6%)という数値と比較してみると,そのちがいは一目瞭然である。成人を主たる対象としている社会教育において職業に関する領域は,かねてよりその重要性が認められながら,実際には周辺的な位置におかれているといわざるを得ない。また今日においても,行政のかかわる「職業知識・技術の向上」に関する学級・講座の実施状況に大きな変化はないということが,この調査結果から明らかである。

　実践的な職業教育・専門的な技術教育を行う専修学校は,1976(昭和51)年に制度が創設された教育機関である。その教育内容は社会生活に即した実学を中心とするものである[7]。また,社会・経済の国際化に伴い,ことに法曹・医療・マネージメント分野における高度専門職業人へのニーズの高まりから「専門職大学院制度」[8]が2003(平成15)年に創設された。専門職大学院とは,専門領域の研究に主眼がおかれる既存の大学院とは異なり,高度専門職業人やリーダー的実務家養成をめざす教育機関として始まったものである[9]。これらはいず

れも，職業との関係が深い教育機関であり，社会教育の主たる対象者である成人の学習が想定されたものであるが，学校教育の系統であるとして社会教育で大きく扱われることはない。

3 企業内教育と企業の社会貢献活動

(1) 企業内教育のこれまでと現状

　日本の企業には，以前から「企業は人なり」とする考えがあるとされてきた。大企業を中心に「日本型雇用慣行」の1つである新卒一斉採用方式で新入社員を迎え入れ，入社後には，OJTなど職務遂行に必要な教育・訓練と人事異動による職務経験を使い，基本的に企業内で社員育成を実施してきた。とくに大企業における教育訓練制度については国際的にも定評があった。これは，職業経験をもたない若者を卒業と同時に採用する制度であるから，人件費を比較的安くできるうえに，社員の就労観・職業観を一から育てることが可能で，企業理念を浸透させやすいなど，企業主導の雇用関係を構築するうえでも有効な制度であったとみることができよう。

　職業上必要になる知識や能力は，入社後必要に応じた教育・訓練によって習得すればよいとなれば，企業は，職務を特定して採用するのではない。採用時に求められるのは，特定のスキルではなく一般的な学習能力や意欲，それらの象徴として偏差値や学歴・成績・勤怠度などである。もともと，多様なうえに学習ニーズが急速に変化していく職業訓練は，短期的視野に立つ職務遂行能力の育成が中心となる。たとえば急激なIT化は，知識・スキルの陳腐化が速いため，教育内容を常に見直す必要に迫られるといった具合である。また，企業内教育は対象範囲に系列企業を含めたとしても，当該企業の社員に限定して行われる教育であり，各企業固有の職業能力を育成するものとなる。企業の戦略に沿った人材育成に効果的ではあったが，これはいわば企業のための教育であって，社員個人のキャリア形成のための教育ではないといえるであろう。

　しかし，1990年代以降のバブル経済崩壊による長期不況や産業構造の変化，

多国籍企業の増加，転職や中途採用の増加などを背景として，正規職員としてではない就業形態で働く労働者の増加もあり，企業は人材育成にかける費用を縮小する方向にあるとされ，やる気のある個々の社員が行う自発的自己啓発を支援する方向へと向かっているといわれている。

そうした状況のなか，アメリカを中心にリーダー育成と従業員全体の能力向上を目的として設立が続く「コーポレート・ユニバーシティ(CU)」(企業内大学)が，日本でも一部の企業において設立された。1953年にアメリカのゼネラルエレクトリック(GE)の設立したリーダー研修センターが始まりとされるが，日本では2000(平成12)年ごろから設立が始まった。これは，人材育成を部署ごとに実施してきた研修だけで行うシステムを見直し，中長期的視点にたち人材開発・人材育成を総合的に行う機関として期待されたものである。企業としてかける費用を「コスト」ではなく「投資」と位置づけ，積極的に外部機関の活用を図る企業や特別な研修施設を設けている企業もあれば，オンライン上のシステム構築を企業内大学と呼ぶ企業もある。企業内大学のとらえ方は，企業により大きなちがいがあり，企業内大学を一律に論ずることは不可能な現状である[10]。

また，定年や転職などで企業から離れていく個人の再就職に必要な教育や，職業を離れた領域のような個人のライフコースにまで配慮した学習機会について，企業内教育はほとんど対応していない。個人のライフコースのなかで，あくまでも企業にとって役立つ期間に限定して，企業にとって役立つ能力分野に焦点化された教育が行われてきたのである。今後は，ライフコース全体に及ぶ学習機会のなかに位置づけた職業に関する教育が，企業を離れ公共的に用意される必要がある。

(2) 社会貢献活動と社会との連携

企業の社会貢献活動のなかに，「メセナ」と呼ばれるものがある。芸術文化の振興活動を，企業が主となり民間で行う活動のことである。日本では，公益社団法人企業メセナ協議会が1990(平成2)年に発足した際，「即効的な販売促

進・広告宣伝効果を求めるのではなく，社会貢献の一環として行う芸術文化支援」という意味で「メセナ」という言葉を導入し，一般に広まったとされる。企業が収益の一部を芸術や文化の振興活動に充てることでブランドイメージを上げることや，地域の芸術文化振興への貢献などが意図された。1980年代後半のいわゆるバブル景気時には潤沢な資金援助が盛んに行われていたが，その後は継続して縮小傾向にあるというのが現状であろう。

　また，「企業の社会的責任（corporate social responsibility：CSR）」[11]を重要視するようになった時代の変化から，企業とは利益を追求する以前によき市民であるべきとする「よき企業市民」概念の登場もある。それは，社会が企業に求める役割や責任のあり方に変化が生じたことによる変化である。企業には株主のために収益をあげるための業務を果たすだけではなく，広く社会への責任があると同時に，立地する地域においては市民と同様にその地域の一構成員として果たすべき役割があるとする考え方[12]である。これにより，企業もNPOや市民とともに環境保護活動や地域におけるボランティア活動などの活動に取り組む機運の高まりがあるとされている。

　企業による社会貢献や連携は，多様なかたちをとっている。まず，建設業，製造業，金融・保険業，サービス業など，あらゆる業種の企業が地域や社会への貢献への取り組みを掲げている。企業全体としての活動もあれば，目的に沿った法人や団体を設立しての活動を行うケース，社員が個々に参加するチャリティ・イベントやボランティア活動の奨励，講師派遣など，取り組み方法も多様である。さらに，連携の組み合わせも，企業と学校，企業と行政，企業と企業，企業と市民など，およそ考えられる組み合わせのほとんどで連携が行われている。

　そのなかで，多くの企業が力を入れている分野が，次世代育成・人材育成と環境への取り組みである。ソニー教育財団による「ソニー・サイエンスプログラム」は，千葉大学・静岡大学教育学部を基盤として，企業と連携した授業づくりを専門にする「NPO法人企業教育研究会」とともに実施されている授業である。「日本のものづくり技術への興味・関心（理科）」と「働くことへの興

味・関心」の両者を高めることを目標に，ものづくりを題材とした授業を実施する。トヨタによる「科学のびっくり箱！なぜなにレクチャー」も，小学生（高学年）を対象とした「ものづくりの大切さ」「科学の楽しさ」を伝える目的で行われている。講師はトヨタ社内のエンジニアを中心としたトヨタ技術会の有志が務め，科学館・博物館などを会場に行われている。次世代育成でも，視点が異なるのが，小学校教諭を対象に，理科の授業への苦手意識[13]を克服してもらおうという，「NECティーチャーズ・サイエンス・ラボ」の取り組みである。ほかには，三井住友銀行による金融経済教育がある。中学生向けの取り組みには，「公益社団法人ジュニア・アチーブメント日本」と品川区が中学校の空き教室を使って共同で運営する架空の町「品川ファイナンス・パーク」[14]への連携が行われている。

　また，環境への取り組みも多くの企業が社会貢献として掲げる。北海道の菓子メーカー「六花亭」[15]は地域と社会への貢献に取り組み，中札内村と連携し，美術館が点在する「中札内美術村」や北海道の山野草が咲く「六花の森」の建設・運営を行う。さらに，朝日新聞社による環境教育プロジェクト「地球教室」は，研究機関・行政・NPOと朝日新聞社が作成した環境教材テキストを，応募があった小学校へ無料配布している。この「地球教室」に協賛して，旭化成ホームズくらしイノベーション研究所の研究員が，朝日新聞の記者とともに小学校を訪問して講師役を務める授業が行われた。企業間連携による環境への取り組みには，「ソニーの森」と「トヨタの森」の事例がある。これは，2008（平成20）年から，生物多様性保全への取り組みには，地域連帯が重要になるとして，15kmの距離にある両企業の森が連携を始めたものである。「トヨタの森」において，すでに推進されていた「フクロウの棲む森づくり」プログラムに，ソニーの従業員で構成される緑化同好会のメンバーが参加し，そのノウハウを学び，「ソニーの森」で「フクロウの棲む森づくり」を展開している。

　行政が民間の教育文化産業と連携している例としては，「よみうりカルチャー町屋」がある。これは，荒川区地域振興公社が主管し，読売・日本テレビ文化センター町屋が講座の企画・運営をしている。公的施設（この場合は荒川区立

町屋文化センター）を使用することにより，民間事業者が実施する多様なプログラム[16]が比較的安価に提供されている[17]。

4 社会教育の観点からみる教育文化産業と指定管理者制度

(1) 教育文化産業―民間活力の活用

　社会教育の学習機会とは，社会教育行政が提供するものだけをいうのではない。民間の提供する学習機会として，小規模なものでは，社会通信教育，茶道・華道などの伝統芸能分野の個人教授所や習いごとの教室などはかねてより身近に存在していたものである。また，1970～80年代に盛況を呈した「カルチャーセンター」は大規模で組織化の進んだものであるが，いずれも心の豊かさや生きがい獲得のための学習の場として広く定着しているといえる。

　カルチャーセンターの登場は，それまでの社会教育における学習とは異なる学習のスタイルを示すものであった。それまでの社会教育における学習とは，各地の公民館を中心にして，地域住民のために，実際生活に密着した内容を，安価に行政が行うものであるといった認識をもたれていた。しかし，人々の学習ニーズが，生活課題・地域課題などから離れ，教養や趣味を深めて個人の充足をはかるものへと変質したことへの対応ができなかったのであろう。学習者がそれを社会教育であると認識していたか否かは定かではないが，結果として民間企業が提供する学習機会であるカルチャーセンターは人々を集めたのである。

　民間事業者が行う組織的な教育活動を，社会教育法第2条のいう「社会教育」に含めることとする解釈は，1995（平成7）年に当時の広島県教育委員会教育長が文部省生涯学習局長に出した「社会教育法における民間営利社会教育事業者に関する解釈について」という「照会」に対する「回答」と，各都道府県教育委員会教育長あての「通知」ですでに明らかにされている[18]。カルチャーセンターの提供する学習機会は，いわば商品としての学習機会の提供であるから，その学習内容は集客が望めるものに偏りがちであることは否めない。カ

ルチャーセンターとは，人々の学習意欲を向上させると同時に，学習を消費財化した側面ももつ功罪相半ばするものとしてみることが可能な存在なのであろう。

(2) **指定管理者制度−官の担うべき責務**

指定管理者制度とは，自治体のもつ「公の施設」について，自治体による直営か公的な出資法人などによる管理委託制度だったものから，「法人その他の団体」を指定して管理運営させるように2003（平成15）年の地方自治法改正で導入された制度である。公の施設の管理・運営を，公的な団体からNPO法人や株式会社を含む民間企業にも委託可能にしたこの制度は，民間のノウハウを導入することで公共サービスの質の向上を図るとともに，管理費など経費の削減の両立を目的に導入されたとされる。また，民間のビジネスチャンスを生みだし，経済の活性化が期待されるといったメリットもあげられた。

だが，ことに社会教育施設においては，3〜5年程度といった指定期間の設定が長期的視野に立った事業計画の立案・実施や，職員の専門性の育成を困難にするのではないかなどといった批判が根強く指摘されている。教育行政が担うべき公共性・公平性の原理と，営利企業の基盤にある市場原理の不調和をめぐる議論が尽きないなど，乗り越えるべき課題は多々あるように思われる[19]。

5　学習社会の実現に向けた連携の可能性

(1) **学習社会とは**

人が学習するのは，若い頃を中心とした学校教育の場だけではない。生涯教育の理念が提言されてから，人生のごく初期の段階に受けた教育だけで生涯を過ごせる時代ではないといわれ，とくに学校教育を過大評価した価値観への批判が繰り返される。社会のさまざまな教育機能が活用され，社会が全体として教育力を発揮できるようになった社会を1つの到達目標として「学習社会」と呼ぶことがある。学習社会とは，ハッチンス（Hutchins, R. M.）の *The Learning*

Society (1968) を契機に広まったものとされるが、厳密に定義されたものではない。たとえば、市川昭午は、「一口でいって社会を構成するすべての部門が学習機会を提供し、教育活動に参加するような社会を意味する。そこでは従来のような学校制度を中心とする教育部門とそれ以外の非教育部門とを截然と区別し、社会の教育機能は教育部門だけが担うという考え方は廃棄される。(中略) すべての部門が学習資源として活用され、生涯教育システムの一環として位置付けられる」[20] とした。天野郁夫は、「1960年代の末にロバート・ハッチンスが『学習社会』論をとなえたとき、かれが構想したのは『学習・自己実現・人間形成を目的にかかげ、すべての制度をこの目的の達成にむけるよう、価値の転換をなしとげた社会』としての学習社会であった」[21] と紹介している。共通しているのは、教育が学校制度のなかだけで行いうる営みではないという認識と、社会全体が価値の転換をはかり、己のもつ教育的機能を発揮すべく取り組むことが実現した社会が望まれているとしている点であろう。

なお、今日では学習社会とほぼ同義で「生涯学習社会」という用語が使われることが多い。この用語は、1991 (平成3) 年の中央教育審議会答申「新しい時代に対応する教育の諸制度の改革について」から使われはじめたようである。答申による生涯学習社会とは、「生涯のいつでも、自由に学習機会を選択して学ぶことができ、その成果が社会において適切に評価されるような」社会であるという。学校教育を過大評価し、主に学歴偏重主義に偏った価値観への批判から、生涯にわたる学び直しや学歴に直結するものではない学習活動に価値をおく意味合いを込めた「生涯学習」と、その理念が実現した「生涯学習社会」を是とする表現であると考えられる。

ここで留意すべきは、学校教育には生涯にわたる学習の基礎づくりを担っているという大きな役割と価値があることまでも否定して、「生涯学習」という用語から想起される趣味や教養・娯楽に代表される学習活動を、安直に過大評価してしまう姿勢である。「生涯学習社会」とは、いわば文部省・文部科学省が用いた安直な造語とみてまちがいはなかろう。ハッチンスが提起し、上記の議論で天野が用いた「学習社会」とは、似て非なるものなのである。「生涯学

習」を実践する個人が増加しても,「生涯学習社会」という社会は実現しないのである[22]。

(2) 学習社会における企業の役割

　社会全体が教育的機能を発揮することが望まれるとき,企業に求められるものはいかなるものであろうか。学習機会の提供者として企業をとらえると,企業が行っている社会貢献活動や地域との連携のあり方において,いくつかの問題点がみえてくるであろう。

　企業が利益追求ばかりでなく,社会貢献活動に力を注ぐようになったことは十分に評価されてしかるべき進歩である。その活動は,寄付のような資金提供のみならず,存立する地域活動に直接参加し,さまざまな人的交流を介して学校・行政・市民・他企業との連携もみられるなどの広がりがみられる。企業の担う社会的責任がより大きなものとなっていることの表れであろう。しかし,現行のような,たとえば銀行が支店として地元のイベントに参加するような形態の企業としてアピール可能な取り組みだけに終わらせず,従業員が家族と暮らす地域において,一市民としてPTA活動やボランティア活動に参加するための支援をするような制度の開発があってもよいはずである。いくら退職後の「濡れ落ち葉対策」として,在職中から職業生活と地域・家庭生活のバランスを考慮したライフスタイルが提唱されても,そのために割く時間がいつまでも個々の心がけと有給休暇をあてにしたものであっては,実現はむずかしい。

(3) 連携の意味

　複雑化し職住分離が進んだ現代は,幼い頃からの職業体験の重要性が増しているといわれる。社会人になるために必要なマナーを始めとした能力の獲得などが期待される家庭の教育力の低下が,学校教育全体における職業教育・キャリア教育の必要性と結びつく文脈も理解できる。しかし,新卒者の採用状況が,「売り手市場・買い手市場」と称され,あたかも商取引であるような産業界の感覚に,教育機関までが巻き込まれていてよいのであろうか。今日では,大学

が「キャリアセンター」[23]を設置して専任の担当者をおき，学生に向けた授業や課外活動のサポートを行うとともに，就職ガイダンスなどの就職指導，職業資格取得の支援に力を入れていることは広く一般化している。そこでは，雇用されるために必要な能力（エンプロイヤビリティ）が重要視されているが，大学をはじめとする教育機関が行うべきは，産業界からの要請に適応させるための教育[24]だけではないはずである。連携とは一方が主となり他方が従となる関係ではない。企業の存在価値が増した社会であるからこそ，企業に迎合するのではなく，連携を模索する諸機関が，自らの特性と役割を明確化していく必要があるといえるのだろう。 （本庄 陽子）

● 注 ● ● ● ● ● ● ● ● ●

1) たとえば，『AERA』2015 年 6 月 29 日号は，「『生涯学習』の衝撃　勉強しないと生き残れない」として社会人の学び直しを特集している。

2) 『平成 26 年版　子ども・若者白書』日経印刷によれば，2013 年 3 月時点の大学学部卒業生 56 万人のうち，大学院等への進学者は 11.3%，正規職員になったものが 63.2% である一方で，安定的な雇用に就いていない者（正規職員ではない者，一時的な仕事に就いた者，進学も就職もしていない者）の合計は 2 割を超え，13.6% が進学も就職もしていない。

3) 同じく『平成 26 年版　子ども・若者白書』によると，日本の若者のうち，「自分自身に満足している」者は 45.8% と 7 カ国（韓国・アメリカ・イギリス・ドイツ・フランス・スウェーデン・日本）のなかで日本がもっとも低い。とくに 20 代前半は 37.4% という低い数値である。

4) 「キャリア教育」という用語が，文部科学行政関連の答申等で初めて用いられたのは，1999 年の中等教育審議会答申「初等中等教育と高等教育との接続の改善について」である。比較的新しく使われはじめた用語とみることができよう。この答申では，キャリア教育を，学校間の接続及び学校と社会の接続を円滑に行うために「望ましい職業観・勤労観及び職業に関する知識や技能を身につけさせるとともに，自己の個性を理解し，主体的に進路を選択する能力・態度を育てる教育」としている。また，「キャリア教育」という用語の意味の変化について，村上純一は，「中教審『接続答申』における『キャリア教育』の意味」『東京大学大学院教育学研究科紀要』第 50 巻，2010 年，pp.315-323 において，キャリア教育という用語が今日もっている学生の就職と密接な関係を示すニュアンスは，上記答申においては含まれていな

かったことについて述べ，キャリア教育という言葉が示すものが大きく変化していることを論じている。
5) キャリア概念については，おおまかに，①職業上の経歴に限定したとらえ方，②職業上の経歴を中心とするとらえ方，③生涯にわたるすべての経歴を含めるとらえ方がある。
6) 厚生労働省職業安定業務統計によると，2011年3月卒業の中学，高等学校，大学の卒業3年後の離職率は，それぞれ64.8％，39.6％，32.4％である。ただし，離職率は事業所規模，業種などにより大きなバラつきがある。
7) 専修学校について社会教育が言及するのは，夜間クラスが社会人の学習機会として利用されることや，入学資格に学歴が問われない一般課程が成人の生涯学習の機会として意図されていることが紹介される程度であろう。
8) 専門職大学院とは，学校教育法第99条第2項で「大学院のうち，学術の理論及び応用を教授研究し，高度の専門性が求められる職業を担うための深い学識及び卓越した能力を培うことを目的とするもの」とされている。たとえば，法曹（法律専門家）を育てる法科大学院，会計の専門家を養成する会計大学院，公共政策にかかわる実務能力をもった人材養成のための公共政策大学院，教員養成に特化した教職大学院などがある。経営管理・技術経営・ファイナンス・知的財産などの専門知識習得のためのビジネス系大学院は，内容によって「経営管理（MBA）専門職大学院，技術経営（MOT）専門職大学院，知的財産専門職大学院などと呼ばれる。
9) だが，定員割れの現状や，株式会社立専門職大学院の継続性や安定性についての不安など，課題も多く指摘されている。たとえば，川崎成一「日本における株式会社立大学の分析―財務分析の視点から―」『大学経営政策研究』東京大学大学院教育学研究科大学経営・政策コース研究紀要』第1号（2010年度），2011年，pp.145-166。
10) コーポレート・ユニバーシティ（企業内大学）については，三木佳光「何故，企業内大学を必要とするのか―日本における長期刷込み方式の選抜型研修の導入・定着の歩み―」『文教大学国際学部紀要』第14巻第2号，2004年，pp.27-47や，大嶋淳俊「『コーポレートユニバーシティ論』序説―リーダーシップ開発とプロフェッショナル能力向上のプラットフォーム―」『季刊・政策・経営研究』2009. vol.2，三菱UFJリサーチ＆コンサルティング，2009年，pp.149-164などに詳しい。
11)「企業の社会的責任」とは，企業が法令を遵守して収益をあげるだけでなく，人権や環境への配慮，地球環境や地域社会への貢献などを視野に入れて，社会的責任を果たしながら経営されること，またその責任のことをさす。本来の企業活動をさすものであり，文化活動などを支援する「メセナ」とは区別される。
12) 経団連の企業行動憲章には，「企業は従業員を通じて，また企業活動そのものを

通じて，地域社会と深いかかわりをもっており，地域社会は企業の存立基盤である。（中略）企業は，自己と社会の双方の利益を調和させつつ事業活動を行い，社会を支え，社会とともに歩む『良き企業市民』としての役割を果たしていくことが求められる。」（第5章）とある。
13) 2010年度に実施された独立行政法人・科学技術振興機構による「小学校理科教育実態調査」によると，学級担任として理科を教える教員の約5割が理科全般の内容の指導が，「苦手」か「やや苦手」と感じており，この割合は教職経験10年未満の教員では，6割を超えている。
14) 「ファイナンス・パーク」は金融に限らず，さまざまな業種の協賛企業が実際の店舗を模したブースを提供してつくる架空の町で，家族構成・年齢・年収などの与えられた設定に従い，生活設計を疑似体験させる体験学習施設のことである。品川に続き，2014年には福島県いわき市にも開設された。いわき市の施設は，東日本大震災からの復興支援にカタールが立ち上げた基金が建設費を助成し，民間企業が協力している。
15) 六花亭は，このほかにも月刊児童詩誌『サイロ』の発行を50年以上続ける。また，1982年の創業50周年記念事業として行った室内楽演奏会も好評で，継続されている。本講座Ⅲ『社会教育の施設論』付論，pp.167-185を参照されたい。
16) 2015年7月現在，よみうりカルチャー町屋に登録されている講座数は，296件である。
17) 企業の社会貢献の事例については，（一社）日本経済団体連合会1％（ワンパーセント）クラブの「2012年度社会貢献活動実績調査結果　社会貢献活動事例調査事例集」に掲載されたものなどから特色ある事例を取り上げた。各企業のHPなどで詳細の検索が可能である。1％（ワンパーセント）クラブとは，経団連が1990年に設立した団体で，経営利益や可処分所得の1％相当額以上を自主的に社会貢献活動に支出しようとする企業や個人の団体のことである。また，萩原愛一「企業の社会的責任（CSR）—背景と取り組み—」『調査と情報—Issue Brief—』第476号，国立国会図書館，2005年に，企業の社会的責任が重視されるようになった背景や欧米諸国とわが国の取り組みが整理されている。
18) こうした動きについては，鈴木眞理「生涯学習社会の社会教育」鈴木眞理・松岡廣路編著『生涯学習と社会教育』（シリーズ生涯学習社会における社会教育第1巻）学文社，2003年，pp.139-159に詳しい。
19) たとえば，佐賀県武雄市が2013年に市立図書館の指定管理者として，「TSUTAYA」を展開するCCC（カルチュア・コンビニエンス・クラブ）を指名したことは大きな話題を呼んだ。その後，CCCの増田宗昭社長が2013年7月6日の「あすか会議」（グロービズ経営大学院主催のカンファレンス）において，「名前は図書館だが，本

のレンタル屋だ」と発言したことへの批判や，リニューアル開館前に廃棄されたDVDと同一タイトルのものが，図書館に併設されたTSUTAYAで有償貸出されていること，地元誌などを含む郷土資料を大量に除籍したことは図書館のアーカイブ機能を損なうものではないのかなどの疑問が呈されている。

20) 市川昭午「学習社会化への展望」市川昭午・潮木守一編著『学習社会への道』教育学講座第21巻，1979年，p.2.
21) 天野郁夫「学習社会の現実」市川昭午・天野郁夫編著『生涯学習の時代』1982年，p.226.
22) 鈴木眞理「生涯学習社会という到達目標」『新時代の社会教育』放送大学教育振興会，2015年，pp.59–70 や，鈴木眞理「生涯学習社会の創造へ向けて」鈴木眞理・馬場祐次朗・薬袋秀樹編著『生涯学習概論』樹村房，2014年，pp.1–22を参照されたい。
23) キャリアセンターの名称は各大学によって，「就職課」「学生部就職課」「進路・就職センター」など異なるが，専任の担当者をおいて自校の学生の就職を支援する機能は同じといってよい。就職支援に専任の担当者がいることでほかの教職員の関与が縮小されることになるという指摘もある。
24) 文部科学省が1997年より実施してきた「インターンシップ実施状況調査」によると，大学などが単位認定を行っているインターンシップを実施した割合が平成10年度23.7％，19年度67.7％，23年度70.5％と増加しつづけている。インターンシップは本来，職場で体験した内容を自身の学修や専門性の向上とつなげていくべきものであるはずが，単なる就職活動の一手段となってしまうケースもみられる。これは，学生を送り出す大学の側にも問題はあるが，受け入れる企業の側にも教育的活動であるという視点が欠落しているのではないか。

第8章
社会教育におけるコーディネートの意味

1 社会教育におけるコーディネートをとらえる視点

(1) 「教えること」だけではない「教育」のかたち

　社会教育における教育には，「教えること」以外のさまざまな要素が含まれる。社会教育・生涯学習の領域では，「教育」ではなく「学習支援」という言葉が用いられることが多いが，そこでは学習者に直接「教えること」以外に，人々が学ぶことを間接的に支援する営みも教育の一部ととらえられる。

　こうした状況は，社会教育における指導者・支援者のあり方も多様であることを示している。生涯学習に関する指導者の類型として「学習活動促進者」「学習内容提示者」「学習集団運営者」があげられることがあるように，社会教育に関する指導者・支援者には「教える人」以外のさまざまな立場の人が含まれる[1]。人々が学習しやすい環境を整えたり，学習者や学習資源（施設，団体，指導者）どうしを結びつけたり，グループ・サークルを運営したり，指導者への研修や情報提供を行ったり，学習支援に関する事業を企画・運営したり，地域の社会教育に関する計画を立てたりと，「教えること」以外にも間接的に学習を支援するためのさまざまな役割が存在する。こうした間接的な学習支援を多く含むことは，学校教育と比べた際の社会教育における「教育」の1つの特徴であるといえるだろう。

　こうした間接的な学習支援は，とくに社会教育行政のあり方として伝統的に重視されてきたものである。社会教育法第3条で社会教育行政の任務が「環境の醸成」であると規定されていることや，社会教育法第9条の3で社会教育主事の職務が「社会教育を行う者に専門的技術的な助言と指導を与える」とされていることなど，社会教育行政においては学習支援が間接的になされることを

1つの原則としてきた。

　こうした幅広い学習支援の要素として，しばしば「コーディネート（あるいはコーディネーター）」の役割があげられる[2]。上記のような間接的な学習支援を社会教育の1つの特徴ととらえるならば，社会教育においてコーディネートが重要な意味をもつということ自体が，実に社会教育らしいことだといえるだろう。

(2) 間接的な学習支援の総称としてのコーディネート

　社会教育・生涯学習の領域で「コーディネート」という語が使われるようになったのは，1980年代以降のことであると考えられる。政策文書において最初に使用されたのは，1996（平成8）年の生涯学習審議会答申「地域における生涯学習機会の充実方策について」であるとされているが[3]，その後も関連する政策文書などで繰り返し使用されてきており，近年では耳慣れた用語になりつつあるといってよい。

　"coordinate" は主として「調整」を意味する語であるが，一口に「コーディネート」といっても，社会教育・生涯学習との関連においては，その意味するところは多様である。1996（平成8）年以降の社会教育・生涯学習分野の政策文書における「コーディネート」の使われ方を分析した研究によれば，「コーディネートの必要性が叫ばれるわりにはその意味が曖昧で，人それぞれで使い方が異なって」いる状況があるという。そして，コーディネートは「連絡調整」のほかにも「情報提供」「マッチング」「相談」「企画・設計」などの意味で使われていることが指摘されている[4]。

　ここでのコーディネートには，講義やワークショップの場面での直接的な学習支援を除く，社会教育における間接的な学習支援の諸要素が含まれている。社会教育・生涯学習の領域において「コーディネート」という用語は，「調整」を意味するだけでなく，より広い意味で間接的な学習支援の総称としても位置づけられてきたといえるだろう。

(3) コーディネートが重視される背景

 すでにみたように，社会教育においてコーディネートが重視されること自体が社会教育らしいことといえるが，それはコーディネートという働きが自発性や多様性といった社会教育の特性と密接に関連したものだからである。コーディネートが重視される背景として，以下の3つの社会教育の特性との関係をあげることができる。

 第一に，社会教育における自発性との関連である。ここでは，①学習者の自発性の尊重のために間接的な支援が重視されてきたという側面と，②自発的な教育・学習活動を振興する結果として，全体の調整を図る役割が必要になるという側面の2つが考えられる。

 ①の側面について，学習者の自発性の尊重は，社会教育の根本的な原則の1つとして位置づけられるものであり，「教化」や「動員」の側面の強かった戦前の社会教育行政への反省や，成人の学習支援における Self-Directed Learning（自己主導型学習あるいは自己管理型学習）の原理など，さまざまな文脈でその重要性が確認されてきたものである。しかし，学習者の自発性の尊重は，支援が必要ないことを意味するものではなく，必要な情報や環境を整備したり，求めに応じてアドバイスをしたりといった，自発的で自律的な学習を実現するための支援が重要な意味をもつ。こうした支援のあり方として，直接的あるいは「上から」ではない，間接的あるいは側面的なコーディネートが重視されてきた。

 ②の側面について，社会教育においては，学習者の自発性に加えて，社会教育関係団体や多くのボランティア指導者など，学習を支援する側の自発性や自律性が重視されてきた。しかし，学習を支援する側の自発性を重視するということは，提供される学習機会と学習者のニーズにズレが生じたり，必要な学習機会が安定的かつ継続的に提供されなかったり，地域ごとに提供される学習機会の量や質にばらつきが生じたりといったリスクを伴うことでもある。また，学習者の自発性を尊重するといっても，必要課題に関する学習など，現代の社会状況などから学習することが必要な学習内容については，公共的な観点から学習機会を設定したり，学習を奨励したりすることが求められることもある。

自発性に基づく教育活動や学習活動を尊重するからこそ，より全体的かつ公共的な視点から，学習機会を調整したり，学習機会を質・量共に高めていくようなコーディネートの役割が，とくに社会教育行政を中心に必要になってくる。

　第二に，社会教育における多様性との関連である。社会教育においては，学習者，学習機会，学習内容，学習方法など，学習にかかわるさまざまな要素が多様であることを特徴としている。また，生涯学習社会を構想するうえでは，社会教育の内部だけでなく，学校教育や家庭教育，そのほか教育的機能をもつさまざまな機関や団体も含めて，社会全体の教育のあり方を考える必要があるのであり，その多様性はさらに広がることになる。

　こうした多様性を前提に，よりよい学習環境を醸成していくためには，関連する多様な機関・団体などの連携を促し，多様な諸要素を調整していくことが，重要な意味をもつ。生涯教育論における「水平的統合」といった発想や，2006年に改正された教育基本法の第13条において「学校，家庭及び地域住民等の相互の連携協力」が規定されたことなどは，こうした多様性をふまえた連携とコーディネートの重要性を示すものともいえるだろう。

　第三に，教育以外の分野との関連である。社会教育はその性質上，社会教育以外の領域と密接な関係をもっている。1つには，上記の多様性との関連でも見たとおり，教育を主たる目的としていなくても，結果として教育的な機能を果たしている機関や団体が存在していることがあげられるが，もう1つには，学習の成果として，さまざまな社会的課題の解決が期待されるということがある。すなわち，社会教育においては，一人ひとりの学習の支援と同時に，そうした学習を通じて，福祉や健康の増進，地域づくり，学校教育の支援，防犯・防災といった，さまざまな社会的な課題の解決がめざされる。そうした視点からは，個々の学習活動と仕事や家事，育児，介護，ボランティア活動や地域活動といった生活のなかの諸活動とを厳密に区別することはできないし，社会教育も，教育以外のさまざまな社会的なしくみとの関連を考えなければならなくなる。こうした点から，社会教育には，教育行政と一般行政の間の連携を深めるなど，教育とそのほかの領域をつなぐネットワークを構築するようなコーデ

ィネート機能が期待される。

⑷ 「総合的コーディネート」と「個別的コーディネート」

　社会教育において求められるコーディネートの内容に注目すると，個別の事業などにかかわらず，広く社会教育・生涯学習の推進の土台となるような総合的なコーディネートと，具体的な事業や取り組みを進めていくうえでの取りまとめを行う個別的なコーディネートの2つに大別することが可能である[5]。ここでは，前者を「総合的コーディネート」，後者を「個別的コーディネート」と呼ぶこととしよう。以下にみるように，それらの2つのコーディネートは，実際にコーディネーターとして誰を想定するのかとも関連している。

　「総合的コーディネート」とは，地域の生涯学習の振興や「地域の教育力」の向上などといった，大きな目標や理念の達成に向けて，関係する機関や団体，住民などに働きかけ，相互の連携を促進していくタイプのコーディネートである。たとえば，1996（平成8）年の生涯学習審議会答申「地域における生涯学習機械の充実方策について」では，「地域住民の学習ニーズを的確に把握し，これに即応した学習機会の提供を企画し，関係施設間の事業の調整を図るなど，ネットワークが生き生きと統合的に機能するようにする」こととしてコーディネート機能がとらえられている。ここでは具体的な事業や業務ではなく，さまざまな取り組みを促進しうる土台をつくるための学習支援者のあり方としてコーディネート機能が位置づけられているといえる。

　こうした「総合的コーディネート」は，主に社会教育主事をはじめとする社会教育関係職員の果たすべき役割や，身につけるべき専門性を見直そうとする文脈で議論されてきたものである。社会教育関係職員の役割や専門性は，その多様さや曖昧さによって，これまでもそのあり方が繰り返し議論されてきたものであるが，近年では，自治体における社会教育主事の設置率の低下などを受け，改めて社会教育職員の役割や専門性が議論されている状況がある。こうしたなかで，社会教育関係職員の果たすべき役割としてこうした「総合的コーディネート」が取り上げられてきた。

「個別的コーディネート」は,「学校支援地域本部」や「放課後子供教室」などのコーディネーターや,ボランティア活動においてボランティアをする側と支援される側をつなぐボランティア・コーディネーターなど,具体的な事業や取り組みを運営していくなかで求められるコーディネートである。また,「コーディネーター」と呼ばれることは少ないが,社会教育関係団体や各種のグループ・サークルのリーダーなどの役割もここでの「個別的コーディネート」のなかに含めることもできるだろう。「個別的コーディネート」は,「総合的コーディネート」とは異なり,具体的な事業の実施をより円滑にしたり,効果的にしていくための役割として位置づくものである。学校支援ボランティアのコーディネートであれば,地域住民側が提供したい/できる支援と,学校が希望する支援を把握したうえで,両者のニーズをマッチングしたり,具体的な活動日程を調整したりするほか,新たなボランティアの募集や研修の機会を設定することなども含まれる。

こうした「個別的コーディネート」については,社会教育関係職員に限らず,地域住民のリーダーや,関連機関・団体のスタッフ,一般行政職員などが,コーディネーターとして想定される場合が多い。とくに「学校支援地域本部」や「放課後子供教室」など,いわゆる「地域の教育力」を活用した事業においては,住民自身がコーディネート機能を身につけ,自ら事業を運営していくことが重視されており,各地で地域住民などを対象とした「コーディネーター養成講座」などが実施されている状況も,主として「個別的コーディネート」の機能を充実させるための取り組みとしてとらえることができる[6]。

2 社会教育論におけるコーディネートの位置

すでにみたように,社会教育におけるコーディネートは,調整に加えて指導者/支援者による間接的な学習支援の総称としてもとらえられてきた。ただし,社会教育において「コーディネート」という語が用いられるようになるのは1980年代以降のことであり,「コーディネート」という語の意味合いやその力

点には時期ごとに変化がみられる。

(1) 1970年代：「コーディネート」の前史

　1970年代の社会教育に関する議論においては，「コーディネート」という語はみられないものの，社会教育主事のあり方を中心に，のちの「コーディネート」につながる議論が展開された。

　1970年代は，1971（昭和46）年に社会教育審議会答申「急激な社会構造の変化に対処するための社会教育のあり方について」において「社会教育行政の当面の重点」の1つに「社会教育主事の重要性とその整備充実」があげられ，1974（昭和49）年には派遣社会教育主事制度がスタートするなど，社会教育主事制度の拡充・整備が図られた時期であった。

　こうした状況のなかで影響力をもった議論として，日高幸男によるいわゆる「社会教育主事の3P論」がある。日高は，社会教育主事が果たすべき職務をPlanner（企画者），Producer（演出者），Promoter（推進者）の3つの「P」に整理した（Programmer（立案者）を加えて4P論とされることもある）。日高の「3P論」は，当時の社会教育関係者の間で「社会教育主事は一般民衆に対して講演することを業とする職である」という認識が根強かった状況に対して，社会教育主事の本来の役割が社会教育行政の組織者（organizer）であることを強調したものとされる[7]。日高の議論は，社会教育主事制度の拡充がめざされるなかで，本来の社会教育主事の職務や専門性が，間接的な学習支援にかかわるものであることを改めて強調するものであったといえるだろう。

　このように，1970年代は，「コーディネート」という言葉は用いられなかったものの，コーディネートの前提となる社会教育主事の間接的な学習支援の重要性が認識されるようになっていった時期といえる。しかしそこでの議論は社会教育主事の職務に限定されたものであり，社会教育行政以外のさまざまな機関・団体との連携をふまえたコーディネートの要素が意識されていたわけではなかった。

(2) 1980 年代:「コーディネート」の登場

　1980 年代に入ると,生涯学習論の影響力が強まり,カルチャーセンターやコミュニティセンターとの関係で公民館の存在意義が問われるなかで,社会教育関係職員に求められる専門性に関する議論が展開された。こうしたなかで,社会教育関係職員の専門性のなかに,コーディネートを位置づける議論が登場してくる。

　たとえば,社会教育主事に求められる役割を「4 つの C」に整理したいわゆる「社会教育主事の 4C 論」においては,社会教育主事の職務と専門性として「コミュニティ・オーガナイザー」「コンサルタント」「カウンセラー」とともに,「コーディネーター」としての役割があげられている[8]。

　また,「コーディネート」という語は使われていないものの,1986(昭和 61)年の社会教育審議会成人教育分科会「社会教育主事の養成について(報告)」においては,社会教育主事に求められる資質・能力として,①学習課題の把握と企画立案の能力,②コミュニケーション能力,③組織化援助の能力,④調整者としての能力,⑤幅広い視野と探究心があげられており,ここにも「調整者」としての役割が位置づけられている。

　これらの議論においては,社会教育関係職員による間接的な学習支援の 1 つの要素として,「コーディネート」や「調整」が位置づけられている。すなわち,この時期のコーディネートは,間接的な学習支援の 1 つの要素としての調整機能を意味するものであった。この時期には,生涯学習論の影響のもと,一般行政や民間企業も含めた多様な機関の連携のもとでの学習支援システムの構築がめざされるなかで,調整機能としてのコーディネートが意識されるようになったのだと考えられる。

(3) 1990 年代:「コーディネート」の強調と拡張

　1990 年代に入ると,調整機能としてのコーディネートが学習支援者の中心的な役割として位置づけられるようになる一方,「コーディネート」という語が間接的な学習支援の総称としても位置づけられるようになっていく。

雑誌『社会教育』の1992年12月号では，特集テーマとして「生涯学習コーディネーター」が取り上げられている。特集のなかでは，学習援助者にコーディネートの役割が求められるとされ，コーディネートは「学習者の求めに応じて，学習を効果的に進めるために，学習者と直接的または間接的にかかわりながら，(ア)学習者 (学習集団) と学習資源 (学習情報，施設，機会・プログラム，教材，講師など) または援助者・機関を関係づけ，(イ)学習資源を学習者のニーズやレベルに合致するように総合的に調和させる営み」であると定義されている[9]。こうした役割が求められる背景としては，学習ニーズの増大や多様化・高度化，個人学習のニーズの増加や学習活動の広域化があげられている。

ここでは，生涯学習をとりまく環境の変化への対応として，①学習支援者の果たすべき中心的な役割に調整機能としてのコーディネートが位置づけられるようになるとともに，②コーディネートの内容が，連携や調整に関すること以外に間接的な学習支援の諸要素を含むものへと広がっている。ここでは，前者を「狭義のコーディネート」，後者を「広義のコーディネート」と呼ぶともできるだろう。関連して，コーディネートに関する議論が，社会教育関係職員に限らず，広く学習支援者一般に関するものとしてとらえられるようになったことも確認できる。

1990年代の議論にみられるもう1つの特徴は，ボランティア・コーディネートを中心に「個別的コーディネート」への注目がみられることである。雑誌『社会教育』の1997年4月号において，特集テーマとして「ボランティアコーディネーター」が取り上げられているほか，1999 (平成11) 年の生涯学習審議会答申「学習の成果を幅広く生かす—生涯学習の成果を生かすための方策について—」においては，「ボランティア活動を希望する人とボランティアを必要とする人の双方のニーズを総合的に調整し，マッチングする役割を持つボランティア・コーディネーター」の養成・研修が提言されている。こうした背景には，生涯学習とボランティア活動の関係への注目とともに，1995年の阪神淡路大震災をきっかけにボランティア・コーディネートの必要性が広く認識されるようになった状況もあった。

⑷ 2000年代以降:「コーディネート」の拡散

　2000年代に入ると，社会教育行政においては，「ネットワーク型行政」[10]の推進がめざされ，学校教育や首長部局も含めた連携やネットワークづくりが社会教育行政の役割として強調されるようになる。関連して，生涯学習振興の文脈に限らず，より広範なネットワークのなかでのコーディネートが重視されるようになっていく。こうした背景には，それまでの生涯学習振興のための連携の推進に加えて，行政改革のなかで予算や人員の削減が図られるなかで社会教育主事などの社会教育関係職員の存在意義が改めて問われるようになったことや，社会教育の費用対効果が厳しくチェックされるようになるなかで，生涯学習の振興にとどまらない社会教育の社会的成果が問われるようになったことなどがある。

　こうしたなかで，社会教育におけるコーディネートについても，地域づくりや学校教育の支援など，生涯学習の振興以外の文脈でのコーディネートの働きが重視されるようになっていく。ここでは，多様な機関・団体間の連携・ネットワークを推進するため，それまで以上に総合的かつ広範な調整機能が重視されるようになったともいえる一方で，コーディネートの意義が学習支援以外の文脈に見いだされるようになり，学習支援のための専門性としてのコーディネートの位置づけは相対的に低くなったともいえる[11]。

　また，2000年代以降の特徴としては，「地域の教育力」を活用した学校支援・子育て支援の取り組みが進められ，「学校支援地域本部事業」や「放課後子供教室」などの事業では，事業運営の中心人物としてコーディネーターが配置されるなど，「個別的コーディネート」の必要性が広く認識されるようになったことがあげられる。これらの事業では，住民自身がコーディネート機能を身につけ，自ら事業を運営していくことが重視されており，各地で地域住民などを対象とした「コーディネーター養成講座」などが数多く実施されるようになっている。

　以上，1970年代以降の社会教育論におけるコーディネートの位置づけに注目すると，①1980年代以降，次第に学習支援において連携やネットワークの

ための調整的な機能（狭義のコーディネート）が重視されるようになってきたこと，②そのなかで「コーディネート」という語が間接的な学習支援の諸要素も包含するようになってきたこと（広義のコーディネート），③社会教育関係職員の果たすべき「総合的コーディネート」に関する議論を中心としつつも，1990年代以降には地域住民による「個別的コーディネート」を含めたより多様なコーディネーターが想定されるようになってきたこと，④2000年代以降においては，行政改革の流れのなかで，学習支援以外の文脈でコーディネートの意味がとらえられるようになってきたこと，などを指摘することができるだろう。

3 コーディネートをめぐる今後の課題

ここまでの議論をふまえ，社会教育における「コーディネート」をめぐる今後の課題としては，以下の2点があげられる。

(1) コーディネーターの養成をめぐる問題

近年，社会教育におけるコーディネートの重要性が指摘されるようになるなかで，社会教育主事が身につけるべき能力として「コーディネート能力」が位置づけられたり，多くの自治体で地域住民などを対象としたコーディネーター養成講座が実施されたりしている。

しかし一方で，実際に期待されるコーディネーターを養成するのは容易ではない。コーディネーターの養成に関する課題としては，以下の3点があげられる。

第一に，コーディネーターとしての役割を果たすために，どのような知識や技術を身につけるべきかが明確ではないという問題がある。そもそも，これまでみてきたように，社会教育におけるコーディネートは，間接的な学習支援の総称ともなりうるように，多様な働きを含んだものである。コーディネーターが果たす役割についても，そのために身につけておくべき能力についても，共通的な理解があるわけではないのが現状であろう。結果として，講座や科目の

名称に「コーディネート」が加わるだけで，従来までの支援者・指導者の養成と大きなちがいがみられない場合も少なくない。

　第二に，コーディネートのために身につけるべき能力を特定できたとして，そもそもそうした能力は講習や研修などで養成することが可能なのか，という問題がある。たとえば，コーディネーターとして活動する人を対象に実施されたアンケート調査によれば，「コーディネーターに求められる資質・能力」として重要だとする割合が最も高かったのは「コミュニケーション能力」であった[12]。しかし，コミュニケーションに関する能力は，経験値やパーソナリティに依存する部分が大きく，講義を中心とした短期間の研修では変化が生じにくいものでもある。体験的な学習の機会を増やすなど，講義中心の養成のしくみを見直していくと同時に，養成可能な能力とそうではない能力を区別し，より効率的な養成のあり方を検討していくことが必要だろう。

　第三に，上記のような能力を養成することができたとして，コミュニケーションなどの能力は，社会教育におけるコーディネーターに特有の能力ではない，という問題がある。これらはむしろ，どのような仕事をするうえでも求められる普遍的な能力であると考えられるものである。すでにみたように，そもそも，コーディネートが重視されるようになった背景には，社会教育主事らの存在意義の問い直しがあったが，抽象度の高い「コーディネート能力」が求められた結果，かえってこれまでの社会教育における指導者・支援者や，ほかの領域の専門職員の役割や専門性とのちがいがみえなくなってしまうことも考えられる。

(2) コーディネートの目的をめぐる問題

　コーディネートや連携は，本来それ自体が目的となるものではなく，なんらかの目的に向けた手段やプロセスとして位置づくものである。しかし，コーディネートが重視されたり，コーディネーターの養成がめざされたりするなかで，コーディネートや連携そのものが目的化してしまう危険性がある。たとえば，コーディネーターの養成講座などでしばしば課題となるのは，養成講座の修了生がコーディネーターとして活動する場がない，という問題であるが，こうし

た状況もコーディネーターの養成自体が目的化した結果といえる。

　さまざまな文脈でコーディネートの重要性が指摘されるとき，なんのためのコーディネートあるいはコーディネーターなのかということが改めて意識されなくてはならないだろう。とくに2000年代以降，学習支援以外の領域も含めた広範囲にわたるコーディネート機能が期待される状況においては，本来の学習支援のためのコーディネートという視点がみえにくくなっている状況がある。こうした状況のなかで，あくまでも社会教育におけるコーディネートという観点からは，地域づくりや学校支援を推進するだけでなく，そうしたプロセスのなかでの人々の学習を間接的に支援しうるようなコーディネートのあり方が求められる。

（青山　鉄兵）

● 注 ・・・・・・・・・

1) 上杉孝實「生涯学習を支える指導者たち」上杉孝實・岸本幸次郎編『生涯学習時代の指導者像』（生涯学習実践講座4）亜紀書房，1988年，p.19. ここでの類型のうち，「教えること」は「学習内容提示者」の機能に含まれる。
2) 本来，英語の"coordinate"は動詞であり，名詞の場合には"coordination"とするべきであろうが，日本では後者の意味でも「コーディネート」が使われており，本章でも名詞の意味も含めて「コーディネート」を用いている。
3) 馬場祐次朗「はじめに」国立教育政策研究所社会教育実践研究センター『社会教育を推進するコーディネーターの役割及び資質向上に関する調査研究報告書（平成19年度社会教育指導者の育成・資質向上のための調査研究事業）』2008年，p.i.
4) 浅井経子「生涯学習支援者に求められる技術の開発」『新しい時代の生涯学習支援者論』（日本生涯教育学会年報第25号）2004年，pp.16-17.
5) ここでの2つのコーディネートについて，讃岐幸治はそれぞれ「企画遂行型コーディネーター」「事業達成型コーディネーター」と呼んで区別しているが，意味する内容はほぼ同じであると考えられる。讃岐幸治「社会教育を推進するコーディネーターの意義と役割」国立教育政策研究所社会教育実践研究センター，前掲書，pp.1-2.
6) なお，こうした文脈においては，社会教育主事をはじめとする社会教育関係職員を「コーディネーターのコーディネーター」と位置づけ，より高次のコーディネート機能を果たすことを期待する議論もある。日本社会教育学会　社会教育・生涯学習関連職員問題特別委員会「知識基盤社会における社会教育の役割―職員問題特別

委員会　議論のまとめ―」日本社会教育学会編『学びあうコミュニティを培う　社会教育が提案する新しい専門職像』東洋館出版社，2009年，pp.8-14.
7) 今村武俊「社会教育主事の専門性に関する一考察」『社会教育』1971年9月号，p.34および日高幸男「社会教育主事の専門性とその職務」『社会教育』1972年5月号，pp38-39など。
8) 小山忠弘「専門性の変革を図れ」『社会教育』1984年10月号，pp.8-14. また同時期に大橋謙策も公民館職員の職務を5つのCに整理し，その1つにCoordinatorの役割を位置づけている。大橋謙策「公民館職員原点を問う」『月刊社会教育』1984年6月号，pp.18-20.
9) 坂本登「生涯学習を援助するコーディネーターの役割―社会教育主事への期待を中心に―」『社会教育』1992年12月号，p.19. 同様に，1996年の生涯学習審議会社会教育分科審議会報告「社会教育主事，学芸員及び司書の養成，研修等の改善方策について」においても，これからの社会教育主事に期待される役割として，「行政サービスの提供者」に加え，「社会教育事業と他分野の関連事業等との適切な連携協力を図り，地域の生涯学習を推進するコーディネーター」としての役割が位置づけられている。
10)「ネットワーク型行政」は，1998年の生涯学習審議会答申「社会の変化に対応した今後の社会教育行政の在り方について」で示された「人々の学習活動・社会教育活動を，社会教育行政のみならず，様々な立場から総合的に支援していく仕組み」を表す概念である。
11) いっぽうで，2000年代以降には，ワークショップにおけるファシリテーションなど，直接的な学習支援技術にも注目が集まっており，社会教育における指導者・支援者にとっては，直接的なファシリテーションと間接的なコーディネートの双方の役割が期待されている状況がある。
12) 国立教育政策研究所社会教育実践研究センター，前掲書，p.26.

第9章

社会教育と地域振興

1 地域住民と行政との地域づくり

(1) 地域住民による地域についての学習

　近年の社会環境の変化から，住民自らが地域の歴史，自然，民俗，文化などを探り地域を知るための生涯学習や環境学習など，将来を考えていく活動が各地で普及してきた。少子高齢化や一次産業の後継者不足をはじめ，開発による生活環境の変化，自然災害など，地域でかかえる課題に対しての取り組みとして，社会教育が果たす役割は大きいといえる。最近では観光による活性化が推進されるとともに，地域学習の一環として江戸検定や京都検定といった広がりもみせている。

　これまで地域住民の学習を支援する場として，公民館や図書館，博物館といった社会教育施設が設置されてきた。とくに，学校教育や環境教育，社会教育に対して地域博物館が果たす役割は大きく，さらに積極的に博物館として地域の将来を創造していく「まちづくり」への参画も望まれている。それは地域博物館が，自然史学や地理学，民俗学，建築学など歴史的・多面的に地域を探り，将来の地域創造のための保存・研究機関としての役割とともに，展示や啓発・普及活動を通じて地域住民が参画していく場だからである。

　地域創造のために必要な地域の記憶・情報は，自らが暮らしてきた生活環境形成の過程であり結果でもある。とくに，住民と行政が一緒になって取り組む，地域の発展に寄与する博物館としてエコミュージアム[1]（意訳：生活・環境博物館）が1990年代から日本でも広まっている。このエコミュージアムの普及により，地域についての学習は住民が主体となって活動し，その結果を次世代へ継承していくシステムとしても有意義なものとなっている。

(2) **住民参加が支える文化・経済活動**

　「地域づくり」へ寄与する社会教育活動として，国内ではいくつもの事例がみられる。たとえば，静岡県の大井川中・上流域の川根本町や旧川根町（現島田市）では，「千年の学校」[2]という学習講座が，本川根町まちづくり観光協会内に千年の学校事務局が設置され，2001年から展開されている。これは，「川根地域まるごと博物郷」[3]というエコミュージアム活動の一環として，住民の暮らし，農山村の知恵，上流の知恵などをしっかり認識し，そこから新たに始めようという活動である。「人づくり―魅力づくり―活力づくり」という地域づくりの循環プログラムであり，地域の自然や歴史，産業や文化などに詳しい住民が講師となって教えている。また，2009年には大井川流域観光協会が地元の鉄道会社とも連携して，「大井川流域まちかど博物館」という事業も立ち上げた。これは地域の食や手仕事，生活習慣，文化など新たに導き出された地域資源を結び，民家や工房，商店で小さな博物館（学習拠点）を設置，観光客の誘致も図っている。

　このエコミュージアム活動の第一歩は，地域住民の記憶の収集から始まる。たとえば，古い1枚の写真から記憶をたどり，かつての地域の姿を検証することで，将来に向けての人々の生き方，生活環境を考えさせてくれるのである。地域を考える動機づけや新たな発展を促すテーマを提供することにより，住民自らが地域の文化を醸成し，新たな経済活動への寄与を可能とするのである。

(3) **身近な視点での地域環境の調査研究，情報収集**

　身近な生活環境の変化を見つめることで，地域の自然や歴史などの情報に関心をもち，学習することでよりよい社会を形成しようとすることが，住民が主体となった「まちづくり」への動機づけとなる。活動の1つとして，住民にとって日常的な暮らしや風習，見慣れている風景を，新たな視点で意味づけしていくことなどがある。このことは，地域に対する関心を高め，理解を深めさせてくれる。たとえば，地域で使われなくなった民家調査により，地域やその時代における民家の価値を見いだし保存することで，地域の民俗に対する興味を

喚起し，さらに，その民家を美術館として活用することで地域の芸術を見直す動機づけともなる。そこを拠点に人と人，人とアートとが出会い，新たな芸術文化を育む活動につながるのである。

　また兵庫県豊岡市では，絶滅したコウノトリをシンボルに掲げ，官民一体となった野生復帰事業の推進により新たな生活環境の形成をめざしている。豊岡市は，日本における野生のコウノトリが最後まで生息していた場所である。環境の変化により個体数が減少し，1956（昭和31）年に国の特別天然記念物に指定され保護活動，人工飼育も始められたが，1971（昭和46）年に最後の野生コウノトリが捕獲され野生では絶滅に至った。原因は農薬使用による田んぼにいたエサとなる生き物の減少や，開発による湿地などのエサ場の減少，松枯れなどによる営巣地の環境変化などであり，社会環境の変化による影響が大きい。1999（平成11）年に兵庫県立大学の研究機関「コウノトリの郷公園」が開園，翌年には「豊岡市立コウノトリ文化館」が開館し，2003（平成15）年には「コウノトリ翔る地域まるごと博物館構想・計画」[4]も策定された。保護，増殖，啓発・普及といった野生復帰に向けた取り組みが進められ，2005（平成17）年からは試験放鳥もされてきた。再び大空を舞うコウノトリと共生する生活環境を取り戻すためには，農業形態の変革や河川改修をはじめ，行政が主導的に担う役割と住民参加による保護やコウノトリにやさしい経済活動の実践が不可欠である。

　コウノトリとともにある生活環境を考えることは，過去を知り，また未来の姿を模索することになる。学校の先生，生徒，その家族も参加しての市民研究所によるエサなどの生き物調査をはじめ，集落で取り組む減農薬などによる農業は生活を見直すきっかけでもあり，調査や保護活動により環境が変化してきた過程を証明し，新たな「まちづくり」への提案ともなるのである。このように身近な課題を行政だけでなく，住民の協力を得て推進することは，幅広い情報収集が可能となるとともに，将来にわたり地域社会への貢献度を高めていくものといえる。

⑷ **住民への継続した普及啓発，継続的活動**

「まちづくり」への住民参加を促すことは，将来の地域社会を担っていく人材を育成することでもある。前述したエコミュージアム活動には，住民参加を通じて，さまざまな地域の課題を解決していくための活動を行い，意識の統合化を図る意味が含まれている点も見逃せない。地域遺産を護り伝え，未来へ発展させる可能性は，住民自らが"誇り"をもって地域づくりに取り組む姿勢にある。住民参加を得ることで人と人とのネットワークを広げ，継続的な事業活動を展開する常に成長するミュージアムでもある。具体的には行政と住民による推進体制，市民研究所や友の会，NPOや民間企業などの支援団体の形成，加えて，研究機関や学校，学識者との連携を図り，学術的な見地を施すことのできる組織の設立は，「まちづくり」を安定した継続的な活動としていくためには欠かせないものといえる。

フランスのブレス・ブルギニョン・エコミュージアムでは，住民参加で地域に関する調査・研究の成果をまとめた「グリーンプラン (Le Plan Vert de la Bressebourguignonne：環境整備に関する提案書)」[5]のなかで，地域の開発や産業振興，人材育成といった将来へ向けて対策を検討するための観点として「動機づけ」「目覚め」「養成」という言葉がある。環境問題や災害などの課題から地域を見直し，その成果を行政が施策につなげて新たな地域づくりに役立たせている。とくに重要な項目としては，調査結果を受けてのグリーンプランからの提案と，「なぜ，それではいけないのか？」という評価，そして持続可能な活動，方向，考察題目が書かれており，単なる調査結果の報告書ではない提案書であることの意義がみられる。

2 交流人口による地域振興

⑴ **ツーリズムによる地域振興**

自然や歴史，文化などのさまざまな地域特性にふれる体験観光として，近年，エコツーリズム，グリーンツーリズム，ヘリテイジツーリズムなどが展開され

ている。それぞれ，単なるレジャーとしての観光ではなく，参加者は体験を通して学習することでより知識を得たり，理解を深めることに価値を見いだすことで満足する。受け入れる地域にとっては，これまでとはちがう観光のあり方に，体験観光の素材を見いだし，NPOなどの団体による受け入れ体制，ネットワークを構築することになる。少子化や高齢化率が高く人口減少が進む地域では，交流人口の増加により，産業振興や雇用の創出など新たな地域振興が生まれている。

　交流人口を増やして地域振興を図る「まちづくり」は，各地で道の駅などの交流拠点や博物館や美術館，水族館などの文化施設の設置，自然体験や歴史遺産を巡る観光プログラムなどにより，地域外からの誘客をはかり経済の活性化をもたらすとともに，住民がその運営に参画する方法として注目されている。

　もともと観光という言葉は，地方の光（産業や文化など，すぐれたところ）をみてもちかえり，自らの暮らす地域の発展に役立たせるという意味を含むものであり，学校教育においては修学旅行などが観光教育[6]として実施されてきた。かつては，一般庶民にとって伊勢講や富士講，四国巡礼などの信仰に基づく旅も，一生のうちに一度という楽しみであり，ほかの地を巡ることで知見を得，特産物などにふれるツーリズムといえる。光をみて，ふれて，もちかえるというシステムは，来てもらう地域にとっては，自らの光を発見し，磨き，提供するという地域振興策であり，多くの自治体で具体化されている。

(2) ツーリズムとエコミュージアム

　エコミュージアムは1960年代にフランスで生まれ，パリへの一極集中をなくし，地方へ人を向かわせる自然公園設置の文化施策として展開された。地方文化を見直し，地域に分散して存在する遺産を保護し，活用により雇用の創出と活性化への寄与を目的としている。日本では1974（昭和49）年，鶴田総一郎により「環境博物館，生態学博物館」と紹介され，1987（昭和62）年には新井重三より，その実態から「生活・環境博物館」と意訳されたのがはじまりといえる。とくに地域がかかえる現代的課題を取り上げる地域博物館として，博物

館学の発達のなかで生まれ，地域の発展に寄与する博物館として紹介されている。そして，生涯学習のまちづくりや，地域の歴史・自然・産業遺産などを活用するまちづくりの理念としても普及してきた。

本来エコミュージアムは，「ある一定の地域における環境と人間の博物館」という理念をもち，その形態としては地方自然公園での設置をはじまりとし，地方自治体による設置，また地域住民による運営協議会が主体となるものなどさまざまである。そして，フランスやスウェーデン，ノルウェー，カナダなどでの展開もみられ，地域の遺産にふれるイベントやプログラムなども充実している。農村地域における野外博物館を手本としていることから，現地保存型野外博物館としても位置づけられている。1997年，ノルウェーのエコミュージアムを訪れたときに，農村地域での野外博物館を設置する理由として，スカンジナビア半島は共通のバイキングの歴史をもつが，農業はその土地の特性をもとに営むため，ほかの地域とは異なる生活，アイデンティティを育むことができるためとのことであった。

エコミュージアムが日本で公に紹介されたのは，1992（平成4）年3月に都道府県会館において財団法人社会教育協会，株式会社丹青研究所の主催で開催されたフォーラムで，200名を超える参加者での研究集会であった。これを機に農林水産省では，1994年度に農業振興の一環として「ふるさと水と土基金」が創設され，1998年度には「田園空間博物館整備事業」，2005年度には「魅力ある田園空間支援事業」が展開されてきた。また当時の環境庁（現環境省）では，1995年度に既存の自然公園におけるビジターセンターの整備において「エコ・ミュージアム整備事業」が出され，さらに文化庁では，1995年度に「天然記念物整備活用事業」や2005年度には文化財保護法の一部改正により「文化的景観」が生まれている。現在も，文化庁や国土交通省，農林水産省との省庁を超えた「歴史まちづくり法」などが推進中である。

これらは，地域住民が地域遺産を保護・活用し，交流人口により活性化をはかり，住民自らが活動に参加することで誇りをもち，将来への発展を促す施策と位置づけできる。

(3) エコミュージアムの展開

　生涯学習のまちづくり[7]として，日本でいち早くエコミュージアムを町の事業計画に取り込みスタートしたのは山形県の「朝日町エコミュージアム」[8]である。過疎化が進むなか，エコミュージアム研究会を発足させ，地域のなかのサテライト調査やサテライトを題材にしての魅力の発信など，図書館と文化会館，中央公民館を併設した生涯学習センター「創遊館」にコアセンターをおき推進している。

　前述した兵庫県豊岡市での「コウノトリ翔る地域まるごと博物館」は，豊岡盆地および円山川流域を対象に，コウノトリの野生復帰をシンボルとして展開させ，昨年は，ほかの地域での普及をめざした野生復帰事業の検証もされた。事業を推進するなかで出てきた課題を整理し，次のステップへと向かっている。これらの取り組みについては，2013年10月〜2014年5月まで豊岡市で設置された野生復帰検証委員会で，事業の経過，成果などを検証し，「コウノトリ野生復帰に係る取り組みの広がりの分析と評価」[9]として報告書が発行された。

　また，徳島県板野町・上板町・土成町(現阿波市土成)による広域青空博物館「あさんライブミュージアム」[10]は，明石海峡大橋の開通を機に，交流による活性化をめざした県のふれあいの里づくり事業による展開である。住民と行政による運営協議会を設置し，地域の宝探しから，自然や歴史，民話や伝説，伝統産業などをテーマに自らの生活環境を「見る，磨く，放つ」という視点から活動を展開している。

3　社会教育と生活環境の形成

(1) 交流の場づくり

　地域の生活環境の成り立ちを知ることは，豊かでゆとりのある暮らしを育む第一歩といえる。さらに，地域の環境を基盤として培ってきた産業や人々の生活，歴史遺産や文化に親しみ，住民自らが将来へ継承していく役割を果たすことは，日々の生活を生き生きと楽しいものにしてくれるはずである。地域の歴

史・文化にふれる場づくり，住民による活動のネットワークなどを構築することで負荷のない，新しい生活の場が創設できる。

(2) 歴史・文化とのふれあいの場づくり

　徳島県のあさんライブミュージアムは，阿讃山脈と吉野川が育んだ，歴史遺産や文化，伝統産業が生きている地域で，3町の住民と行政によるふれあいの里づくりである。地域には，弥生時代終末期の集落跡や近世の番所跡などの歴史遺産，伝統産業である阿波藍のすくもづくりや阿波和三盆糖の製造技術，また，名物たらいうどんなどの資源を有している。この資源「光」を軸として，「地域の光を観る＝再発見，磨く＝育成，放つ＝発展」を掲げ，価値を見つめ直し，護り育て，発展させることを目的とした活動である。

　「光を観る」は，小学生や住民による宝探し調査やウォッチング活動などで，自然や歴史をはじめ，地域固有の食文化や伝統芸能，伝統技術にも目が向けられ，再発見の活動である。「光を磨く」は，たとえば人々の記憶や文献のなかにしか残されていなかった粉ひき小屋や瓦を焼くだるま釜は，住民の調査と技術の再現により蘇ることができ，ものづくりの活動拠点ともなっている。また，うどんの原料の小麦や古代食の五穀の栽培，うどん打ちや藍染め体験など，住民がインストラクターとなって子どもたちや訪れる人々へも教え，伝統文化を継承する役割を担っている。「光を放つ」では，運営協議会を中心に，情報提供，テーマに基づくトレイルづくり，体験プログラムの開発・提供，地場産の素材を使った商品開発，ガイド倶楽部の発足，イベントの開催など，活動の成果が還元されている。

　歴史・文化環境を探り，体験することで培った誇りは人々に継承され，地域に「何もない」と思っていた住民の生きがいを回復し，明らかに将来へ向けての環境創造につながっている。このように行政と住民の参加により，地域を成長させるシステムの構築も図られている。

(3) 産業振興による地域活性化

　エコミュージアムの推進には，町の行政機関のなかでも教育委員会のみにとどまらず，観光課や産業課などとのネットワークが必要になってくる。エコミュージアムの活動は地域の発展に寄与する目的をもつが，活性化という言葉には精神的な活性化，経済的な活性化といったさまざまな意味をもつ。

　千葉県の富浦町（現南房総市）では，経済的な部分を安定させることにまず目標をおき，それによりもたらされた成果を，文化のパトロンとして住民へ還元していくことを掲げている。地域活性化に向けて取り組む歴史，文化，産業，自然にわたる多様な分野の保護・活用事業を，エコミュージアムの理念のもとに1つのまとまりとして統一していこうというのがねらいである。

　海と里の恵みに富んだ富浦町は，枇杷と花卉を核とした観光農業の取り組みがある。富浦町エコミューゼ構想をもとにして，1994（平成6）年11月にコア（インフォメーション施設）として位置づけられた産業振興センター「枇杷倶楽部」がオープンした。びわゼリーやびわ葉茶などの商品開発・販売，地元の主婦による枇杷加工，枇杷狩りや花狩りなどの体験，伝統工芸品の実演・販売，ギャラリーなどの事業を展開している。この枇杷倶楽部は，「株式会社とみうら」という町が100％出資した会社である。設立当初の組織として，公共部門（富浦町枇杷倶楽部課）では主にエコミュージアム活動を推進し，民間部門では枇杷の商品開発や地域への波及効果を促し，新たな産業育成を図っている。サテライトとしては，花狩りができる花倶楽部や大房岬自然公園などがあり，地域の空間のなかを人が動くことによる活性化を意識し，分散配置理論をエコミュージアムの手法から取り入れた。しかし，富浦町のエコミュージアムによる地域開発は，地場産業だけでなく，その産業を発生させ支えてきた特色ある環境をも資源として活かし，エコミュージアム活動を通じて，地域住民の"誇り"の回復と経済効果の向上をめざしている。

　文化活動としては，NPOエコミューゼ研究会[11]による「ウォッチング富浦」が展開されており，地域の自然や史跡の探索，民話の里などを見て歩き，新たな富浦を発見する活動でもある。この活動で発見された成果が，大房岬自然公

園のビジターセンターなどで展示公開され、また、子どもたちを中心にした人形劇教室も開かれ、民話を題材にした「竜子姫物語」などの創作劇もつくられた。産業振興が人々に心のゆとりを生み、新たな文化の創生につながっている。

4　まちづくりとネットワーク

(1) 情報・アクセス・ヴィジュアル・運営のネットワーク

住民と行政による「まちづくり」の推進を考えると、さまざまなネットワークが必要となる。その手法は、情報ネットワーク、アクセスネットワーク、ヴィジュアルネットワーク、そして中心的な運営体制ネットワークの構築といった事業である。地域環境に点在するサテライトや中核施設、住民が連携し、地域を探るための機能を成立させるためには、それぞれが支援、協力しあいながら活動を推進しなければならない（図9.1）。

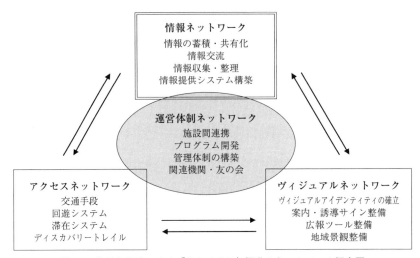

図9.1　住民と行政による「まちづくり」推進のネットワーク概念図

(2) 情報ネットワーク

　エコミュージアムは，活動を形容する「記憶の収集，前進」という言葉をもっている。地域住民が行政と一体となって，この活動を実践していくための要といえるのは情報ネットワークである。サテライト，または地域住民を通して得られた地域の自然・文化などに関する情報を，将来に向けて活用していくための持続可能なシステムづくりが必要となる。中核施設やサテライト，住民と専門家の協力のもと情報の収集・整理を行い，誰もが入手可能な情報の発信を行う。そして，そのためには行政機関からの支援，協力がより充実したシステムの構築，情報の活用を促進するのである。

① 情報の蓄積・共有化：活動で得た情報を蓄積し，知識，能力，利益の共有という活動目的に基づき，誰もが必要な情報を平等に入手でき，活用できるための共有化が重要である。
② 情報交流：情報の発信活動は，関連した幅広い情報が集積される活動につながり，交流・交換の場の創出となる。
③ 情報の収集・整理：調査・研究活動をベースに，広く地域住民や学校，博物館などとの連携を図り情報の収集を行い，容易に活用できるように整理する。
④ 情報提供システムの構築：常に新鮮な情報の収集・整理・保管システムは，情報提供の基礎を成すものであり，地域の人々との連携のもと無理のない持続可能なシステムとする。具体的な情報提供手段として，コンピューターを活用したものや，ガイドブック，ワークシートなどの出版物，スマートフォンなどによる情報提供がある。

(3) アクセスネットワーク

　地域を知るための拠点や分散したサテライトを巡るためのアクセスとして，ディスカバリートレイルやフットパスという名称で設置される。遠方からの誘導をはじめ，地域内の回遊・滞在のためのネットワークづくりである。

来訪者を中核施設やサテライトへ導くための仕掛けとしては，サテライト間をつなぐ，関連性あるテーマの抽出を行い，テーマに沿ったストーリーの構成がより深く地域を探求することとなる。たとえば，あさんライブミュージアムでは「阿波藍を探る」というテーマで，藍を普及させるために容易に持ち運びできる染料の藍玉を考案した犬伏久助さんを奉った「愛染庵」と，藍の葉をねかせて発酵させ「すくも」をつくる「阿波藍製造所」，「藍畑」，そして行政がサポートして，地元の子どもたちをはじめ来訪者も藍染めを体験できる場所「技のテーマセンター」を結ぶトレイルが設置され，藍が育つ自然環境，育んだ技術を知ることができる。

(4) ヴィジュアルネットワーク

ネットワークを視覚的に具現化する手段（ヴィジュアルアイデンティティ）は，活動の理念，独自性，個性，テーマ性を視覚的に表現するもので，シンボルマークやロゴ，キャラクターやテーマカラーなどを設定し，地域住民への浸透，来訪者への主張などをはかる手段である。

具体的には拠点施設やサテライトなどへの誘導サインや展示解説パネル，広報・情報関連ツール，商品開発などへの運用を行う。サインなどのデザインについては，地域の環境整備・景観形成への示唆を行うものでもあり，地域の景観まちづくり条例などに基づき実施することになる。

(5) 運営体制ネットワーク

「まちづくり」においては，行政と住民が一体となって推進していくことが重要であり，研究会や NPO，運営協議会，第三セクターなど各地域で組織体は異なるが，運営主体が異なる各施設間におけるソフト面での連携をはかることが継続した運営には欠かせないものとなる。

たとえば，サテライトを巡るコースの設定やツアー企画，セルフガイドの発行，ワークショップの開催などの各種プログラムの充実，インストラクターやガイドの養成，外部の博物館や研究機関，民間団体，友の会などとの協力関係

の樹立などである。また，受け入れ体制としては，交通手段も含めて宿泊施設，飲食・物販店などとのネットワークも求められる。

5　未来への継承・発展への寄与

(1) 歴史・民俗・文化環境の継承

　歴史・民俗・文化環境の継承は，将来を担う次世代の地域学習，地場産業の後継者育成，環境教育やツーリズムなどへの活用が期待される。たとえば，産業遺産や伝統芸能などを，歴史的・文化的観点から再評価し，住民によるガイドや体験プログラムの開発・提供，再生・復元活動，景観形成などに活かしていくことが可能である。都市生活者にとって，自らが"ふるさとづくり"へ参画することは，生活創造の意義を見いだすものといえる。

　三重県鳥羽市では，鳥羽商工会議所メンバーを中心に，地区ごとの研究会活動を通じて，鳥羽エコミュージアム事業[12]により新たな魅力づくりが行われている。地域の自然・歴史・民俗などを探求し，失われた文化の再現や民家の保存・活用，港町としての景観形成などが進む。

　鳥羽は神島，菅島，答志島，坂手島の島嶼部をはじめ神秘的な祭りや伝説が多く，さまざまな研究者や文学者が訪れている。2002年夏には，乱歩や夢二と親交の深い岩田準一旧居を保存・活用した「鳥羽みなとまち文学館」が開館した。また，昔の海女小屋の復元や民俗信仰「石神さん」の復活，和歌の小径や一坪美術館，自然観察や干物づくり・貝紫染め体験など，人々のアイデアと，伝統を守り伝える心が生きている。

　また，2013～2015年夏には武蔵野美術大学造形学部の学生による海女などをテーマにしたアーティスト・イン・レジデンスが相差地区で行われ，アート作品の制作・展示のみならずグッズの製作・販売，観光旅館街近くの浜辺での映像パフォーマンスなどが繰り広げられた。地区の住民も学生との交流を深め，新しい息吹による地区の姿をみせている。

(2) 農業・産業遺産の継承

 兵庫県西脇市，中町，加美町，八千代町，黒田庄町では，「土と水」の地域資源を活かした北はりま田園空間博物館事業[13]を推進している。自然景観，農業水路や建物，産業や住民生活などを展示物と見立てて展開する地域づくり活動である。たとえば，江戸時代元禄期に造られたため池の越水跡（石垣）や岩盤に掘られた底樋管（水抜きトンネル）が残る西谷(さいだに)公園では，東屋や高見やぐらを巡る遊歩道や緑道があり，人々の憩いの場として遺構が活用されている。また，岩座神(いさりがみ)棚田の石垣は地場産の石材を利用し，地区の老人クラブの活動により景観が保たれている。棚田オーナー制度や滞在型市民農園も開設され，都市との交流促進が図られている。ほかに，情報提供や出前講座，特産品の開発・販売などの活動が行われ，住民による運営組織としてNPO法人も発足した。地元の工場見学や観光農園を巡るバスツアーなども，交通事業者との連携で展開されている。

(3) 「記憶を前へ」というキーワード

 エコミュージアムの例を中心に，社会教育と地域振興のかかわりについて紹介してきたが，未来へ何を継承し，発展させていくかは，広い意味で地域遺産の「保護」と地域資源としての「活性化」にある。コウノトリ・エコミュージアムでは，かつて人々から農業の害鳥として追われていたコウノトリが，同時に「ツル（鶴）」と呼ばれ「瑞鳥（めでたい鳥）」として親しまれていた。その時代を探ることは，人の暮らしと自然との調和がとれた社会生活のあり方を探ることを意味している。しかし，決して昔にかえることをめざすのではなく，昔に学び新しい未来をつくることが目的である。

 地域住民が自らの地域社会を創造するために，「保護」と「活性化」は対立するものではなく一体となって展開することが求められる。そして，社会教育が果たす役割は，そのために何を「保護」し，どのように「活性化」していくかという情報を提供し，自らが地域を見直し発信していくことへの支援である。

 フランスのブレス・ブルギニョン・エコミュージアムでは，サテライトを「記

憶の館」と考え，過去の文書や人の記憶から，途絶えてしまったものを復活させたり，新しい地域づくりのためにそれらを活用していくことを提案している。ここで提唱している「記憶を前へ」というキーワードは，将来へ向けての重要な活動を意味しており，行政と住民が一体となった活動が，生活の知恵とそこに暮らす真の姿を映し，未来の地域発展へ繋がることを示している。地域づくりには，まず，地域の人々が自らの暮らす生活環境に誇りをもつことと，人々がもっている記憶，環境がもっている記憶，それらを探り文化として培い，新たな生活環境の構築にその記憶を活かしていくことでもある。　（大山由美子）

● 注 ・・・・・・・・・
1) 丹青研究所『ECOMUSEUM』丹青研究所，1993 年.
2) 川根本町まちづくり観光協会 (http://www.okuooi.gr.jp/wordpress/).
3) 北島享「川根地域まるごと博物郷」『エコミュージアム研究』No.11, 日本エコミュージアム研究会，2006 年，pp.26-28.
4) 兵庫県・豊岡市コウノトリ翔る地域まるごと博物館構想・計画検討委員会「コウノトリ翔る地域まるごと博物館構想・計画」2003 年.
5) Ecomusée de la Bresse bourguignonne, *Le Plan Vert de la Bresse bourguignonne* 1992.
6) 社団法人日本観光協会『旅から学ぶ　―観光教育のすすめ―』1990 年.
7) 文部省・文部科学省では，1988 年から 生涯学習モデル市町村事業を実施し，「生涯学習のまち」を推進する市町村を積極的に支援している。NPO 法人全国生涯学習まちづくり協会では，エコミュージアムを提唱している (http://www.machi-ken.jp/)。
8) あさひまちエコミュージアム (http://asahi-ecom.jp/).
大山由美子「朝日町エコミュージアム」『エコミュージアム研究』前掲，pp.19-20.
9) 豊岡市コウノトリ野生復帰検証委員会「コウノトリ野生復帰に係る取り組みの広がりの分析と評価」2014 年.
10) 「あさんライブミュージアム　GUIDE」あさんライブミュージアム運営協議会（土成町・上板町・板野町）1998 年．林茂「あさんライブミュージアム」『エコミュージアム研究』前掲，pp.50-53.
11) 酒井和夫「NPO 富浦エコミューゼ研究会」『エコミュージアム研究』前掲，pp.42-45.

12) 鳥羽商工会議所「青の都　鳥羽エコミュージアム」(http://toba.or.jp/aboutus/).
13)「北はりま田園空間博物館まるごとガイド」北はりま田園空間博物館事務局 2002 年 (http://www.k-denku.com/).

第10章
学校教育と社会教育の制度的・原理的検討―連携という観点から

1 社会教育の位置

　「連携」は，社会教育の世界において，重要な概念・用語として存在している。かつて，社会教育の制度が整備されるようになった第二次世界大戦敗戦後の社会教育法が制定されるような時期には，「連携」は，それほど問題にならなかったといえる。それがなぜ，重要な概念・用語として存在するようになったのか，またそのような変化はどのような帰結を生じさせるようになっているのか，検討してみることも無駄ではないだろう。

　社会教育の本質について，よく引用される議論がある。社会教育は，「学校教育の補足」として，「学校教育の拡張」として位置づく，さらに「学校教育以外の教育要求」として位置づくという議論である。宮原誠一の，第二次世界大戦敗戦後初期の議論であり，「社会教育の歴史的発達形態」としての類型であり，「歴史的範疇としての社会教育」というとらえ方として位置づけられている[1]。

　宮原のこの発想については，「1996（平成8）年の生涯学習審議会において提言された『学社融合』に近似した考え方ということができるだろう」という議論[2]がある。この松岡の議論は案外単純で，「連携」という発想はユネスコに淵源をもつ生涯教育論よりも早くから存在していた，というものなのである。

　松岡は，宮原の議論は，「学校と社会教育の一体化を説いている」といい，2002（平成14）年中央教育審議会答申の強調点と同じであるとして，「ラングランの生涯教育の理念が日本に紹介される以前に，すでにこのような構想が提起されていたのである」という。ただし，「日本の生涯学習支援体制はおおむね行政主導で推進され」たので，「日本の生涯学習施策成立に至る今日までの歴

史的経緯を辿れば，プロセスに関する宮原の期待はほぼ外れた」という。宮原は，「民衆の自発的な教育要求」に期待していたのであるとされるわけである。

しかし，そもそも宮原の議論は社会教育の歴史的発達形態をその時点で総括したものであり，通時代的に一般化することは困難な議論として位置づけなければいけないものであろう。宮原の議論の時代的な限界はやむを得ないものであって，松岡の議論は，連携や生涯学習社会という概念・用語などの位置づけも混乱しており，落ち着いた議論が求められるところであり，宮原の発想は，教育の機関として組織化・制度化されてきた学校を中心にした発想なのであることが強調されるべきであろう。

社会教育の存在を学校を基本にして語るということが，そもそも社会教育の存在のしかた，意義や意味を検討するときにどのような作用を起こすかを念頭に入れた議論が必要なのであろう。教育のための社会的装置である学校の制度化がますます進行し，また高等教育までへの進学率が増加し，学校が教育の中心的機関の位置を確固たるものにした状況で，それへの過度の期待とさまざまな負の現実との乖離の中で，専門的な機関である学校が教育全般に対してあたかも万能であるかのように考えられてきたことへの疑念が生じ，社会の他の機関などの助力を求めることが必要になった段階で，「連携」への注目が出てきた，というように理解することができるのであろう。一部の社会的機能が専門化された機関の，限界への対応の1つのかたちなのである。専門化が進められたことへの逆の動きであり，きわめて今日的な状況での動きだと考えるべきなのである。そのなかで，学校教育の制度化とは親和性をもたない側面もある社会教育の役割がどう考えられるか，という観点での検討が必要になるのであろう[3]。

2　連携がめざすもの

学社連携・学社融合についての発想やその考え方の初期の展開などについては，一昔前に言及したことがある[4]。今日でも，そこでの議論は有用であると思われるので，ぜひ参照していただくこととして，ここでは，連携ということ

の意義について，連携の時間限定性の問題と，個々の機関などの自律性の問題という側面で考えてみよう[5]。

　教育の領域での連携を考えるわけであるが，その連携は時間・期間が限定されるのか，永続を想定しているのかによって，そこでいう連携の質や意味，意義が異なってくるのであろう。時間限定的な連携は，特定の目標があって，その目標を達成するための戦略・戦術の一環として採用される方策である。それぞれの機関などが，それぞれの役割にしたがって行動し，目標を達成すればそれでそのプロジェクトは終了し，連携も解消されることになるということが普通であろう。永続を想定している連携，永続的な連携というのは，そもそも矛盾した考え方であろう。それならば，連携ということではなくて，新たな機関をつくればいいのである（まさに，学社融合として，新しい形の学校教育でもない社会教育でもない〈新タイプの教育〉が創生されればいいのである）。

　特定の目標をもつプロジェクトのための方策として連携という手法が用いられるのであろうから，永続を想定すると，プロジェクトが終了することがないことを前提にするか，連携が自己目的化して存続すること自体が意義として強調されるかである。このように考えれば，連携とは，時間・期間限定的な存在であり，プロジェクト追求・目標達成のための手段として位置づくと理解することが自然であろう。多様な力の結集がいわれることも多いが，目標達成のための費用対効果を考えた方策であるという点が最も強調されるべきことである。このことは，社会教育の領域では，もっと自覚的になっていいことなのであろう。

　また，連携ということが注目されるということは，それぞれの機関等が自律的になっているうえで連携が必要になったという場合と，自律的ではない個別の機関等での対応では困難が生じているから中心になる機関等を柱にした連携が必要になったという場合があるのだろうということも理解しておく必要があろう。本来想定されなければならないことは，自律した機関が存在し，それらが独自の使命・役割をもち，独自の資源をもって独自の活動を展開しているわけであるが，周囲の状況が変わるなどして，単独での活動では目標を達成でき

ないから連携という手法を選択する，ということなのであろう．その連携も，連携主体が相互に対等であり，目標達成を最重要な課題として位置づけて，さまざまな決定がなされるということになる．連携機関・連携主体の社会的な位置や勢力的な優劣によって物事が決定されるのではなく，純粋に目標達成のために最も効果的な方策が選択される必要があるということであろう．連携があって，困難な状況での独自の使命や役割の遂行がよりスムーズになり，連携主体同士が情報を交換しあい，相互に不足している部分を補いあったりすることを通じて，さらにそれぞれの独自の使命や役割の遂行が効率的になされるというわけである．

　自律あっての連携であり，双方向・相互扶助・互恵という性格をもつ連携のスタイルなのである．ところが，ともすると，独力での活動が困難であるから連携を志向するということが往々にしてあるように見受けられる．独自の使命や役割が明瞭ではなく，独自の資源もないなかで，連携というかたちで特定の目標を達成しようとするものである．この連携は，しかし，上述の連携とは意味合いがかなり異なる．さらに，連携主体のなかで，力の優劣がはっきりし，どこかが連携の中心になるというようなスタイルがとられることになることもある．むしろ，組織の存続のために連携が模索されていたり，独自の力のなさゆえに，あるいは，安上がりの目標達成を狙うために連携という手法が選択されるということなのである．連携の本来の意味ではない，ということになろう．

　ただ，このような連携をすこし積極的に理解してみれば，連携を通じた，連携主体の自律性の形成支援ということもあるとはいえる．力をもちえない連携主体が，ほかの主体からの支援によって，連携による活動・事業の遂行のなかで，次第に自律的な活動ができるような力を形成していくというように考えることもできるのだろう．連携による目標達成そのものではなく，連携主体の変容に視点を移してみると，ということである．これも，連携の意義として考えておいてもいいのであろう．もちろん，今日考えられている連携の議論にあっては，このような発想はない，というか，そんな発想が出てくる余裕はないのであろう．

連携ということが注目を浴びる。そして，連携という手法を使ったさまざまな事業が展開される。それによって連携という手法は確立し，洗練されていく。「連携」の完成である。しかし，連携の限界やその陥穽ということを考えてみることも必要とされることなのである。

3 社会教育と連携

　社会教育における行政と関係機関・団体などとの連携という限定で考えてみた場合，行政が，本来自ら展開すべき社会教育の（広い意味での）事業を，主として民間の関係機関・団体に，連携という言葉を用いつつ任せるというようなことになるというのであれば，その意義は単に行政の安上がり施策になるということだけであろう。そのために連携の意義を云々するということは，生産的ではない。行政には，必ず展開しなければならない事業があるのであろうし，それを連携というかたちで行うと，より重要な意味が付加されるということが必要なことである。

　すでに述べたことでもあるが，本来，連携は自律的に活動している複数の機関・主体が，双方向的・相互扶助的・互恵的に，目標達成のために，期間を限定して採用する手法なのである。それを形式的に採用すること，連携というかたちにとらわれることは，意味のないことである。模倣としての連携ということ，これは避けるべきことなのである。あくまでも目標達成の手段だという位置づけが重要であろう。社会教育の場合，その特質として，目標が不明瞭である場合も多く，なかなか簡単には連携ということをもち上げるわけにはいかないのである。

　また，連携についての単一の中心があるようなかたちが採用されることにも注意が必要であろう。主導者の地位を占めた機関・主体への協力，一方的な連携（？）ということになってしまってはいけない。この点については，教育基本法第13条（「学校，家庭及び地域住民その他の関係者は，教育におけるそれぞれの役割と責任を自覚するとともに，相互の連携及び協力に努めるものとする。」）は，学校

に対する一方的な協力を「連携」として要請しているのではないのか，学校中心の発想ではないのか，という疑問も生ずることを意識する必要があるだろう。学校が主導的な地位を占めて，その良好な運営を行うために連携を要請しているのであれば，本来の意味での連携かどうかは疑わしい。

さて，すでに，連携は時間限定的であるものだと述べた。その連携の期間が終了したら，連携が解消されたらどのようになるかということを考えておくべきだということも忘れがちである。一時的な対応をすればそれでいいのか，何かが変わったから連携という手法が必要なくなっているのか，それまでの連携に代わる新たな連携を含む方法が必要なのであるのか，さまざまな選択肢があろう。もちろん，連携による連携機関・主体の自律性形成が狙いだということであれば，また話は別であろうが。社会教育と学校との連携の場合は，期間が限定されているということではないのであろう。無期限にこの連携は続けられることが想定されているのであろうが，それなら，新たな機関が創出されればいいのである。

最も重要なことは，連携の機関が，皆同じになってしまう，学校と社会教育の諸機関との連携では，学校に同一化してしまうことへの警戒感をもつことであると思われる。掲げられた目標達成に価値があることはもちろんであるが，それぞれの機関・主体が自律的な活動をすることも社会教育の領域ではきわめて重要なことであると思われる。社会教育では，さまざまな面での多様性が尊重され，異質なもの・原理を許容することが基本なのであろう。効率的に目標が達成されればそれでいいというわけではない。連携を進める過程でのさまざまな経験を当事者が積むということが，そして，多様性の認識・異質な原理の許容，それも，机上の空論ではなく，実際の調整過程での実践的な理解を得るということができるようになることが期待されるのである。連携の主体が皆同じようになってしまわないで，それぞれが自律的な存在として位置づいたうえで，共通の目標が達成できるしくみとして，連携という手法が考えられる必要があるということなのである。

4 学校教育と社会教育との連携

　学校教育と社会教育との間には，「上下関係」あるいは「主従関係」が存在する，という言い方ができるのだろう。もちろん，学校教育が上・主で，社会教育が下・従である。4点ほどの側面で検討してみよう[6]。

　まず1点目は，全体的な法制度上の位置づけという側面である。義務教育は，保護する子について普通教育を受けさせる義務であり，国・地方公共団体は義務教育の機会を保障し・水準を確保する責任があり（教育基本法第5条），具体的に，保護者は，子に9年の普通教育を受けさせる義務を負い（学校教育法第16条），また，市町村は小学校・中学校の設置義務を負うことになってもいる（学校教育法第38条・第49条）。これに比べて，社会教育はどうか。社会教育は義務教育ではないし（そうであっても問題は出てくるが。），それについて，国・地方公共団体が義務的に機会を保障したりすることが規定されているいるわけでもなく，社会教育法では，第5条で市町村の教育委員会は「社会教育に関し，当該地方の必要に応じ，予算の範囲内において，次の事務を行う」として，現在のところ，19項目が提示されいるという法レベルの位置づけになっている。「必要に応じ，予算の範囲内において」という，何をやるにしてもごく常識的である条件が付されているということは，無理してやらなくてもいいというメッセージなのであろう。社会教育行政は，学校教育行政に比較して，法制度上，行政的な位置づけが低いことは明瞭であろう（ただし，近年，社会教育法第5条に加わる自治体の事務が多くなっていることには，注目が必要である。これは，国と自治体との関係なのであるが，自治体の自律性が怪しくなっていることにも留意しなければならないということである）。

　2点目は，職員の量的な側面ではどうなっているかということである。学校教員は，小学校40万人強，中学校25万人強，高校25万人弱である。合わせれば100万人に近くなり，幼稚園などを含めれば100万人を越える人々が，学校教員としての職業生活をしている（平成26年学校基本調査。本務者のみ。）。これに比べ，社会教育では，社会教育主事2500人，公民館主事4000人強，図書

館司書3000人強，博物館学芸員3000人強などとなっている（平成23年度社会教育調査。いずれも専任のみ）。厳密な対応関係は考えられないのであるから，細かな議論は適切ではないが，社会教育の人的な配置状況は，圧倒的に学校教育に劣っていることは理解できる。

3点目の側面として，職員の専門性や養成課程の問題も存在する。施設の専門的職員と考えられる司書・学芸員の養成に関しては，図書館法・博物館法の改正に関連して2012年大学入学者から養成課程の改訂がなされたが，学校教員との比較は，貧弱すぎて話にならないほどである。

社会教育主事は，教育委員会事務局におかれる，教育公務員特例法の「専門的教育職員」であるが，その養成は大学で行われることが本流とは考えられているといってもよいものの，社会教育主事講習という40日ほどの短期の講習で，教員で社会教育主事として発令される予定のある人が資格を取得することが多いという状況がある。関係者は本音を語りたがらないが，その講習は，受講者並びに開講者側の苦労はさておき，社会教育の専門家にふさわしい存在になるための真に充実した内容であるかどうかは疑わしい，「促成栽培」的なものでしかないのである。ネットワークの形成や構えを身につけさせるものというような理解もあながち間違いではなかろう。あるいは参加体験型学習の技法を身につけさせるなどという安易な発想もあるが，社会教育の本質の理解のほうがよっぽど重要なことなのである。異動でたまたまポストに就いている文部科学省の職員が講師として話をすることなど，勘違いも甚だしいことも批判されなければならないことである。

社会教育関係の職員については，人数的な貧弱さに加えて，その専門性の形成という観点からする養成課程の貧弱さということが指摘できるわけであり，職員面からみても，学校教育が主であり，社会教育が従であると考えられても仕方がないという状況が存在するのである。さらに，社会教育主事の場合，その在職期間は短いことも大変重要な（致命的な：本が売れない，ということにつながる）特徴なのである。

4点目は，職員の人事異動の側面に関することである。これは，3点目と密

接に関連する。1974（昭和49）年に国庫補助事業として導入された派遣社会教育主事の制度が広がって東京都以外の道府県が実施し，現在では補助事業は終了しているが，いくつかの県では独自の制度として続いている。学校教員を社会教育主事講習を経て社会教育主事と任用して，県から市町村へ3年ほど派遣する制度であるが，学校教員を一時的に社会教育行政の専門的職員として登用し，数年して学校教育現場に戻すというものである。学校教育と社会教育の連携という面での意味は強調されていいが，学校教員の人事管理上に社会教育が利用されている，腰掛け的・（教育ということで同じだという）便宜的な位置づけだという見方もできる（これは「派遣」だけに限らず特に県レベルの社会教育職員一般にも言えることである）。社会教育に精通する前に学校現場に戻るのであるが，学校現場に戻ると，教頭・校長への道が近くなるという現実もある。考えてみれば，これは，社会教育主事が教頭・校長より「下」であることを公式に示しているようなものでもある。県の社会教育課長・生涯学習課長が，任期が終わると一介の校長へと異動することも当たり前に見られることなのである。社会教育法の改正で社会教育主事が学校の求めに応じて助言できるようになったといったって，果たしてどの程度現実味があるのか疑わしい。人事構成上，社会教育は学校教育よりも「下」であることは明瞭であろう。

　このような「上下関係」が存在する中では，学校教育と社会教育の対等な連携ができるはずがないのである。「学社連携」の議論は，このような点を意識的にか軽視・無視した議論であるとすることができるのかもしれない。「学社融合」の議論は，社会教育を学校教育に取り込んで新たな教育のシステムを創出する，という「本来的な」形の提起であるとするなら，納得のできる議論ではある。学校教育と社会教育との連携に関しては，このような現実的な側面での検討とともに，より本質的な面にまで立ち返っての検討も必要になるのである[7]。

5 人事面での連携の一側面：派遣社会教育主事制度の功罪

(1) 派遣社会教育主事制度の導入とその批判・成果検討の視点

　派遣社会教育主事制度は，社会教育の振興を図るために，職員面の充実の一環として，専門的教育職員である社会教育主事を市町村レベルで確保するために，国レベルの文教行政のなかで採用された手法であるとされる。都道府県が国からの補助金を得るなどして市町村に学校教員を資格を取らせたうえで，3年間程度，派遣して社会教育主事としての職務を遂行させるしくみである。ここでは，その派遣社会教育制度の功罪に関しての調査を紹介しながら，学校と社会教育の人的側面での連携について検討してみよう。調査研究自体は2009年11月の報告書刊行であり，データとしては古いということもあるが，全国の都道府県への調査票調査と7道県・19件の事例調査によって実態を示した議論をするということでは，意味は認められることであると考えられる[8]。

　さて，社会教育の振興は，何も職員の充実という手法によってのみ可能だというわけではなかろう。しかし，そのような手法が採られたのは，派遣社会教育主事制度創出当時の状況からしても，きわめて自然の成り行きであったと思われる。つまり，社会教育は，基本的に社会教育行政によって担われるものであって，社会教育主事という専門的職員が重要な位置を占めるという前提があったのだが，整備されてはいなかったのだと考えることができる。もちろん，社会教育施設や社会教育関係団体とされる団体の活動が最前線での社会教育活動を成り立たせるものであるが，教育委員会事務局におかれる社会教育主事に期待が集まることは自然であろうし，中心的な職員を充実させていくという手法は肯定されていいのだろう。

　しかし，派遣社会教育主事制度の導入にあたっては，国による統制策であるという批判や，社会教育施設の（専門的とされる）職員の整備の方が優先されるべきだというような批判，学校教育人事の社会教育面での利用であるというような批判が存在していたことも事実である。ただ，その批判は，これも当時の政治状況・社会状況の背景もあって，社会教育の原理的な発想というより，イ

デオロギー的な色彩の濃い批判，というより非難であったとすることができるだろう。そういう背景もあって，日本の社会教育行政・制度の研究一般の研究と同様に，派遣社会教育主事制度に関する研究は，きわめて不十分にしか存在してこなかったのである。その成果・その意味・その限界などについて，多面的な検証はほとんど顧みられるものではなかったのである。

派遣社会教育主事制度の成果は，当初の目標が達成されたか否かで判断されることが必要であろう。しかし，物事を単純に考えれば，それは容易であるかのように思われようが，判断は実はきわめて困難である。そもそも，社会教育という行政作用は，単純な目標を達成すればそれでよし，という性格をもつものであるかということについても検討が必要なのであろう。

もちろん，昨今の行政評価の流れのなかでの，目標がありそのための適切な手法が採用されて，費用対効果の観点から，どのような意味ある成果が現れたかということで施策が効率的に展開されたかをみる考え方も存在し，それが，社会教育の領域でも優勢になっていることも事実である。ただ，もともと，発想が異なる領域での議論や手法をそのまま用いても，その評価の意味はないということもある。社会教育の領域に適合的な評価という観点での手法の開発が求められるということなのである。

(2) **調査研究で明らかになった論点**

この研究は，都道府県教育委員会を対象とした主として調査時点での派遣社会教育主事制度に関する調査票調査と，いくつかの道県ならびに市町村の事例調査によって構成された。そこで明らかになった事実と，注目すべき点は，以下のようなものであった。

① **調査票調査から**

調査票調査は，47の全都道府県を対象としたが，そのすべてから回答を得ている。この調査については，設計当初から過去の状況をどれだけ教育委員会の現役スタッフが承知・理解しているかという点についての疑問があり，主に調査当時の状況を確認する設問にしており，国の制度が整備された1974（昭和

49)年以降の運用状況の全容は，明らかにはなっていない（以下，「県」という用語は都道府県のことを示すものとする。なお，周知のとおり，東京都のみが国の制度を導入しなかった。このことは，この調査によらなくても明らかなことである）。1974（昭和49）年以前に県費などで派遣社会教育主事制度などを実施していたのは8県・していなかったのは32県であったが，「わからない」という回答も7県に及ぶ。国の制度を導入した県は，前述のとおりの結果で，46県である。

■**国の制度の先導性に関して**　国による派遣社会教育主事制度は1974（昭和49）年度に国庫補助事業として創始され，1983（昭和58）年度には助成制度に変更され，また，1985（昭和60）年度からは社会教育指導事業交付金（社会教育主事派遣事業）として，1997（平成9）年度まで継続されたものである。1998（平成10）年以降の状況については，①国の制度を受け入れていて2007（平成19）年度現在も類似制度を実施している県28，②国の制度廃止に伴って類似制度を実施したが調査時点では廃止している県17であった。この，2007（平成19）年度現在も類似制度を実施している県28への追跡調査によれば，2008（平成20）年度にも実施した県は20，廃止した県6，廃止したが新たな制度を創設した県2ということになっている。大雑把にいえば，国の制度の廃止後10年を経過して，同種の制度を実施している県は，46（国の制度廃止時にすでに実施していなかった4県を含む）から半減したということになる。派遣社会教育主事制度の維持期間は24年，廃止後の県での同種の制度実施率半減期間約10年ということなのである（なお，国の制度廃止に合わせて同種の制度を創設した県は7県であった）。

　国の制度の先導性という観点でみれば制度創設もさることながら，制度廃止の先導性という点も注目しなければならない。国が止めれば県も止める，ということなのである。社会的要請がなくなった，ということであるのかどうか。

■**学校教育との関係に関して**　調査時点での派遣社会教育主事制度実施県28のうち，派遣職員の資格要件として「教職員」と規定しているのは12県であった（「教職員及びそれ以外の職歴」という回答は5県）。また，全回答県に対する派遣職員の派遣終了後の一般的な職種では，学校教員という回答が39県，社会教育主事が5県であった。このことだけでは断定できないのであるが，一

第10章　学校教育と社会教育の制度的・原理的検討―連携という観点から

般的には派遣社会教育主事には学校教員が充てられ，任期を終わったあと，学校教員としての職務に復帰するということが基本パターンとなっている。その際，調査時点において，制度実施中の28県中14県が社会教育主事資格の保有を条件としているという結果が示されている。また，派遣社会教育主事等の派遣職員のみを対象とした研修は，45県中，19県が実施しており，15県が過去には実施しており，実施したことがないのは11県であった。調査時点で制度を実施しているのは28県であるから，28県中19県が派遣職員のみへの研修を行っていたということになる。

ここから理解できることは，学校教員が社会教育の現場にふれる機会になっているのはもちろんのことであるが，社会教育主事講習を含めた社会教育についての研修を受ける機会として，派遣社会教育主事制度が意味をもつということであろう。

② **事例調査・面接調査から**

事例調査・面接調査では，7道県19件の面接から，さまざまな情報を収集し，いくつかの知見を得ている。注目すべき細かな論点も存在するが，ここでは，以下のように大きく括ってみることにしよう。

■**県独自の体制**　　調査票調査からは，派遣社会教育主事制度に関しては，国の先導性が重要な役割を発揮していることを理解したが，それはそれとして，いくつかの道県ではその県独自の制度的展開がみられることも事実である。もちろん，その背景には，社会教育あるいは教育行政全体についての，地域地域の独自な経緯が存在しているということが要因として大きく，社会教育の特性を反映したものなのであろう。

北海道では，そもそも道の広域性を背景にはしているが，2008（平成20）年3月現在，103名という多数の社会教育主事（派遣も含む）が教育委員会事務局・所管機関に配置されており，道独自の派遣制度が継続されている。また，道教育委員会発令の社会教育主事によって構成される北海道社会教育主事会（1957年発足）という存在が，研修や情報交換などにおいて重要な役割を担っていることも注目すべき事実であり，さらに，道社会教育主事ならびに市町村社会教

育主事によって構成される北海道社会教育主事会協議会（2007年度・461名）のブロック・管内の研修事業も大きな意味をもっていると考えられる。

徳島県では，派遣職員を対象とした研修を年8回，各回1日のプログラムで派遣先の報告・情報交換を中心として実施し，そのうち1回は県外の先進地視察に充てているという。

島根県では，地域教育コーディネーターとして，実質的な派遣社会教育主事制度が展開されきた（2009年度からは派遣社会教育主事と改称）。制度は，他県に比べて大きな相違があるものということではないが，県の役割の大きさを県教育委員会当局が十分に認識しているということがきわめて重要なことであろう。研修の状況などを確認するとそのことはよく理解できそうである。

このような県レベルでの派遣職員の研修は，ヒアリング調査を行った道県以外でも実施されているが，社会教育領域においては，市町村による条件の差が激しいだけに，きわめて重要なものであることを指摘しておきたい。

■**市町村の社会教育推進体制整備への貢献**　北海道士別市・北広島市（旧広島町）・恵庭市・苫前市や島根県津和野町でのヒアリングからは，市町村の社会教育推進体制整備に派遣社会教育主事制度が貢献していることが理解できる。士別市のケースでは，期待されている青少年の家の業務以外の学社融合推進に大きな役割を発揮しており，北広島市のケースでは，ちょうど直面していた文化施設設置に向けた活動が派遣社会教育主事の仕事として存在していたという。恵庭市では市立の青少年研修センターに派遣社会教育主事が勤務している。苫前市でも，派遣社会教育主事は社会教育中期改革の策定や学社融合のまちづくりに沿った国庫委託事業である学校支援地域本部事業の推進に大きな役割を演じている。また，島根県津和野町のケースでは，県の事業（「ふるさと教育推進事業」）・国の事業（「地域子ども教室推進事業」「学校支援地域本部事業」「学びあい，支えあい地域活性化推進事業」）などの推進において重要な役割を演じていた。

これらの事例は現実のごく一部なのであるが，派遣を受けたそれぞれの市町村が，それぞれの必要に応じて，派遣社会教育主事の役割を設定していると考えてもいいのであろう。もちろん，道県との，意志疎通のパイプとして重要な

意味をもっていたというような評価も一般的で，ともすると上位自治体の意向や施策がそのまま市町村に直結するというようなことも考えることができる。ただ，さまざまな研修・情報交換の機会の存在，多くは派遣を受ける条件として自前の社会教育主事をおくことが規定されていることなどを勘案すれば，それは杞憂であるといえるのであろう。ヒアリングを行ったある自治体は，反文部科学省の立場の研究者・大学の地域社会教育推進の模範的ケーススタディの場でもあったのである。

　なお，関連して，山口県教育委員会では教育事務所を廃止しており，社会教育に関して県と市町村との意志疎通のパイプ役として，派遣社会教育主事の役割が重要になってきたということであったが，教育事務所の廃止（や政令指定都市の増加）はヒアリングを行った県以外でも広がっていることであり，今後，派遣社会教育主事などが新たな重要な役割を担うということになる可能性を感じさせるものである。

■学校教育との関連　　学校教育との関連が派遣社会教育主事をめぐっては大きな論点にもなる。そもそも，学校教員の人事政策上の要請もその制度創設の背景にはあったとみることは一般的に語られることである。また，事実として，学校教員が派遣社会教育主事として学校現場から出て，ほぼ3年して「現場」（それはもちろん「学校現場」）に戻るということが多いのである。

　高知県の場合は，国の派遣社会教育制度が終了した直後から，「地域教育指導主事制度」が導入された。学校・家庭・地域の連携推進役として派遣社会教育主事と同様に市町村に派遣するのであるが，「土佐の教育改革」と銘打った地域ぐるみの教育推進のキーパーソンとしての活動が展開された。しかし，この地域教育指導主事制度は，派遣社会教育主事主事とはまったく異なるものであって，学校教育推進のための地域連携を担う存在であったとすることが適当であろう。そもそも，地域教育指導主事には社会教育主事資格は必須のものではなくなっているのである。島根県の「地域教育コーディネーター」は社会教育の系での施策であった（それは，2009年度から「派遣社会教育主事」に戻ったことからもわかる）が高知県は，学校教育の系で考えられていたということなのであ

る。社会教育が推進されずに学校教育の下請け役になった，あるいは存在そのものが解消・希薄化してしまったということなのであろう。教育改革として大々的に取り上げられていただけに考えさせられるものである。ヒアリングの対象にはなかったが，静岡県では国の施策が終わったあと，一時期「社会教育専門員」という同種の制度をつくったが，社会教育主事資格を問わないものであり，どこが「専門」なのか理解に苦しむものであった。調査時点では，それさえ存在しなくなっているが。社会教育についての理解・見識を県教育委員会がどれだけもっているかということなのであろう。

　ヒアリングを行った多くの市町村で，学校教員が派遣社会教育主事として市町村教育委員会に配置されることの意味の重要性が語られた。それは，この間の文部科学省の施策の動向と無関係ではないと考えられる。つまり，学校教育との連携を重視した社会教育施策が展開されるなかで，学校に状況を熟知した学校教員出身の派遣社会教育主事によって，学校との連携がスムーズにいくということが強調されるのである。ただ，社会教育は学校教育との連携だけを意識すればいいものではないと考えられ，検討を要する問題であろう。

(3) **派遣社会教育主事制度の成果をどこに求めるか**

　この研究で得られた知見をもとに，派遣社会教育主事制度の成果に関して整理すれば，次のようになるであろう。これらは，社会教育と学校教育との連携を考える際の重要なポイントだともいえる。

　第1点は，少なくとも，社会教育振興のための行政の機構が，一定の考え方にしたがって，全国的に整備されたということであろう。この間，社会教育主事養成のための科目の整備などの動きも，活発にみられ，職員養成や研修に関してのさまざまな施策も展開されてきている。ただ，それが，専門的な研究機関や学術団体が関与せず，国主導で行われてきたということではあるが（さらに近年では，それも専門的見識をもっているわけではない，そしてそのことを自覚していない「お役人」とその「お仲間」の従順な「研究者」を中心に展開されるという社会教育の世界にとっては悲劇も存在する）。

第2点は，少なくとも社会教育の理解者が広がったということである。派遣社会教育主事制度の導入によって社会教育主事が一時的でも増えるということは，社会教育主事講習を受けた人が増えたということであって，社会教育の振興にとってはきわめて重要なことであったと考えられる。社会教育がなんであるかが理解できない首長や議員も多いなかで，また，次に指摘する点とも関連するが，学校教員に理解が広がるということは，社会教育の振興のための必要条件ともいえるものであったと思われる。

　第3点は，学校教育と社会教育の垣根が幾分なりとも低くなったことである。基本的に派遣社会教育主事は，学校教員を社会教育主事とするものであった。学校教員は教員としての養成課程で社会教育や生涯学習あるいはPTAについて学ぶという経験ももたないことが多い。そのなかで，学社連携であるとか学社融合であるとかのことが叫ばれても，基本的な理解ができていなければ無意味である。その点，社会教育主事講習ではじめて社会教育にふれ，社会教育領域での仕事を行うことによってさまざまな面で学校教育とは異なる社会教育に接するということの意味は大きいと思われる。それは学校へ戻ったあとに，大きな意味が出てくるものであるともいえるだろう。

　第4点は，第1点とも関連するが，派遣社会教育主事を受けることによって，その自治体の社会教育の体制が整備されるようなことになったであろうということである。それは，派遣を受ける場合には自前の社会教育主事の配置が必要であるという規制が存在していたわけであり，それによって自治体の独自の職員が社会教育にかかわることになり，派遣社会教育主事が引き上げたあとにもその職員は（職務にとどまるかどうかは別にして）残るということが想定されていたわけである。社会教育振興のための基礎的なエネルギーを蓄積することが可能でもあったわけである。

　第5点は，これも第1点と関連するが，派遣社会教育主事にかかわるさまざまな工夫が各道府県においてなされてきたということである。社会教育はその特性上，画一的な手法がなじまないものであり，それぞれの都道府県・地域において，特徴的な様式での整備が展開されてきていると考えられる。ことの是

非は別にして，行政機構の整備にも社会教育の特性が反映されているということは，一つの「成果」が示されているということになるのであろう。

第6点は，派遣社会教育主事の制度は，各道府県のなかの社会教育関係職員間のネットワークを形成することに寄与したであろうことがあげられる。社会教育主事講習時の同期生はもちろんのこと，派遣の同期生は県の現職研修などを数年にわたって一緒に受けつつ職務を遂行するなどがあり，ボランタリーな団体が形成されたりで仕事の上での情報交換をはじめ生活の各方面でのつながりが形成されていると見受けられる。各地域の派遣経験者などのさまざまな団体の動向・役割を追究することが必要になろう。

さて，社会教育行政についての研究者・行政職員による批判的勢力の論理の破綻が明らかになったということも，思いがけない成果として追加しておく必要があるのかもしれない。そもそも派遣社会教育主事制度は国家的な統制施策である，という決めつけ方でこの制度を批判してきた勢力が存在してきたことは周知のことであろう。それはアカデミックな批判ではなく，非難であったともいえる。なんら説得的なデータも示さず，形式的な論理を展開するだけであった，きわめて政治性の強い主張であったと考えられる。派遣社会教育主事制度を非難しながら，自らの所属大学で派遣社会教育主事としての任用が前提になる社会教育主事講習を実施したり，講習講師として関与したりの矛盾も存在していた。まさに「欠陥社会教育」の論理だったのである。その人たちは，派遣社会教育主事制度の「消滅」とともに，社会教育行政・社会教育自体の地位が低下してきたことなどをどのように考えるのであろうか。健忘症が激しく，そのことは忘れ，新たな「利得」を求めて新奇なテーマに乗り換えているということなのであろう。

また，専門的団体を標榜しながら，採用・任用に関する制度的問題や職員がもつ能力の実態を正確に把握しないまま，時流に乗るかたちで，職員養成のための専門職大学院の構想を華々しく（虚しく）打ち上げ，行政当局にまで「陳情」するような滑稽なことをする団体もみられた。しかしそれは，社会教育の原理的な問題についての蓄積や基本的な理解なしに，軽佻浮薄な向こう受けを狙う

ような，決してアカデミックな領域とは馴染まない政治優先の行動なのである。かつては，イデオロギー主導の同種の行動が幅を利かせたが，近年では，権力に近づき，売名行為としか思えないようなことをする研究者，営利的な行為に理由をつけながら近寄っていくような研究者が優勢になっているということなのである。

　それはそれとして，派遣社会教育主事という制度は，社会教育と学校教育との関係・連携ということを，人事面・制度面で考えるうえで，1つの注目できる事例である。今後さらにさまざまな連携に関する事例をもとにした議論が深められて，原理的に異なる社会教育と学校教育との連携の意味を検討することが求められるということなのであろう。　　　　　　　　　　　　（鈴木　眞理）

● 注 ･･･････
1) 宮原誠一「社会教育の本質」宮原誠一編『社会教育』光文社，1950年，pp.23-59.
2) 松岡廣路「生涯学習論の生成と展開」鈴木眞理・松岡廣路編著『生涯学習と社会教育』（シリーズ生涯学習社会における社会教育第1巻）学文社，2003年，pp.9-13.
3) 鈴木眞理「社会教育の特性と社会教育の研究」『生涯学習・社会教育研究ジャーナル』第3号，2009年，pp.141-174.
4) 鈴木眞理「学社連携・融合の展開とその課題」鈴木眞理・佐々木英和『社会教育と学校』（シリーズ生涯学習社会における社会教育第2巻）学文社，2003年，pp.211-225.
5) このあたりについては，鈴木眞理『新時代の社会教育』放送大学教育振興会，2015年，pp.134-139を参照されたい。
6) このあたりについては，鈴木眞理「学校教育と社会教育の連携」『学校運営』No.577．2009年8月，pp.6-11による。
7) この点に関しては，鈴木眞理「社会教育の特性と社会教育の研究」前掲を参照されたい。
8) 鈴木眞理「派遣社会教育主事制度の成果と今後の社会教育行政への示唆」生涯学習支援システム開発研究会『派遣社会教育主事制度の展開に関する検証―その成果・現状・課題―』2009年，pp.96-103．なお，この調査は，平成19-20年度科学研究費補助金基盤研究(c)「生涯学習活動の活性化指標の開発に関する実証的研究：派遣社会教育主事制度を媒介に」（研究代表者：馬場祐次朗）として行われた。

付　論
生涯学習振興と民間との連携

1　寺脇研氏（元　文部省）に聞く

(1)　はじめに

——個人的なことなのですが，実は，寺脇さんが「ゆとり教育」のことでいろいろと全国を回ってお話をしていらしたころ，世田谷区役所の所にあります会館で，世田谷区の小学校のPTA連合会の会長さんとお二人で壇上で話してらしたときに，私，会場に一PTA会員としていたんです。

あれはよく覚えてますよ，世田谷に行ったのは。

——それで，そのときはまだ息子が小学校に上がったばかりの時期で，一PTAの会員ということで見ていて，「ゆとり教育」というものがなんなのかということもわからなかったですし，生涯学習という言葉も，社会教育という言葉も，PTAにいたんですがわからない状態でした。その息子が中学に入るころに私が社会人で大学に入りまして，その後，社会教育のほうを勉強するようになりまして，寺脇さんがいろいろお書きになったものとか，インタビューを受けていらっしゃるものを見ると，「ゆとり教育」ということを別の言葉で置き換えてらっしゃっていて，生涯学習というものをすごく視野に入れた考えだったんだっていうことをおっしゃっているだという感想をもつようになりました。今になってみると，「そうだったんだな」ってわかるんですが，あのときの一会員にはまったくわからないままで，学校が混乱してしまうのではないかということで，非常に周りも不安でしたし，そんなことを今思い出しています。振り返ってみるといろんなところと学校が連携をしていくっていうことって，まだそのときなかったような気がしていて，それをどんなふうに思いつかれてというのも変ですが，生涯学習振興法制定のころですとか，民間の事業者とい

うものを学校教育や社会教育と連携させていこうっていうところ辺りは，どんなふうな発想から始められて，また，どんなふうにしようと思っていらして，今になってみると，それはどのようなことだったなというふうにお考えになってらっしゃるのか，お聞かせいただければと思いますが．

(2) 生涯学習という考え方

　もともとが非常に壮大な話なわけですよね．「ゆとり教育」というのはその一部にすぎないのであって，1987（昭和62）年の臨時教育審議会答申で生涯学習社会を構築するっていう大テーマがそこに示されたわけですが，とにかくこの国の社会を生涯学習社会にしていくっていうふうに，政府として決定したわけですから，手順を決めて進めていかなきゃいけないというのが行政のやるべき仕事なので，ということですね．生涯学習社会というのは，いつでも，どこでも，誰でも学べるわけですから，基本的に考え方はバリアフリーでなければならないし，それから，学習者主体という考え方が1つ大きくあります．

　つまり，学校が最初にありきっていう考え方を捨てなきゃいけないんだけども，日本の教育っていうのは明治以来ずっと学校中心主義で，近代教育というのは学校中心主義で進められてきた．それを払拭するのに大変な労力と時間がかかるであろうということは最初から想定されたんで，そんなの5年や10年でできる話ではない．臨時教育審議会自体も念頭においてるのは，2020年とか2030年ぐらいだと理解していましたので，要するに，30年がかり，30～40年かけてやりとげることかなという認識をもっていましたし，現時点でもまだそれは完成しているとは思っていない，ということなんですね．

　ただ，これは本当に，学生さんなんかは調べてみるといいと思うけど，生まれる前の話ですよね，もちろん．その時代の日本の教育のしくみはどうなってたのかっていうと，もう慄然とするぐらい，「えっ，そんなふうになってたの」っていうようなことがあるわけですよ．たとえば大学だって，18歳の人間じゃなきゃ入っちゃいけないかのような体制になっていってるとかね．それから，学校に行かないなんていう選択肢はもうあり得ない．「そんな，何言ってんだ」

みたいな話になってるとか。あるいは，一番わかりやすい例でいうならば，公共図書館っていうのは，月曜から金曜までの9時から5時までと，土曜日の午前中しか開いていない所だったなんていうのは，今の人からみるとびっくり仰天の話なわけだけど。

つまり，それらはすべて近代教育制度っていうもののなかで，教育っていうのはお上から下げ渡されるものなんだっていう考え方。自分で獲得していくっていう考え方ではないんだっていうような文脈でずっと教育体制が構築されていたわけですけれども，それを根底からひっくり返して，つまり，教育から学習へということなんですね。だから，これはもう非常に大きなことで，当時，申し訳ないけど，学者の人たちも大混乱というか，訳がわかってなくて，「教育と学習なんか，ちがわないじゃないか」とかいうことを一生懸命論文に書いてる人なんかがいて，それはご商売だからそういうことは自由なんだろうけど，そういうこと言っててもしょうがないんで，教育から学習へっていうのは大パラダイム転換なんだけど，そのことが理解できずに，教育と学習って同義なのに言い換えてるなんていう考え方が，立派な大学の先生方でもそう思ってるぐらいだから，ましてや国民全体では，「はあ？」っていうようなことですよ。

だから，本当にそのときは，今は生涯学習っていったらみんな知ってる言葉だけど，この世の中で誰も知らない言葉が出てきて，その概念を日本中の人にわかってもらうようにするっていうのは，まったくそのときの感じとしては何もないところからですよ。無から生み出していくみたいな，とてつもない作業だなというのが入口の時点での感想だったですね。要するに「生涯学習っていうのは未開の地を開いていくような開拓者なんですよね」っていうんで，当時，生涯学習の仕事をやりたいって私がいったら，何言ってんだみたいな話ですよ。「おまえ，何を考えてんの」と。

たまたまそのときの事務次官だけど，この人は当時の役人のなかでは生涯学習が最もわかっていると私は理解していたし，事実，社会教育局長時代にもいろいろ活躍したり，とくに地域で子どもを育てるっていうような考え方が非常に強い人でしたから，無人島体験なんていうのをやらせろというんです。要す

るに，非常に哲学のある人だったんで，言い得て妙なんだけど，今までの教育は貧に処する教育であった。これからは富に処する教育にしなきゃいけないということをしきりと言われてた。彼の言った意味は，要するに日本が貧乏で貧しかったころは，とにかく勉強しろみたいなことを言ってやってきたんだけど，もう当時バブルですから，これだけ豊かな社会になったときには，今度は豊かなことが問題になってくる。

　貧困を救っていくということがテーマで，明治の近代教育制度をずっとやってきた。学校教育も社会教育もそういう考え方でやってきたんだけれども，今度は富に処するっていうか，「こんなに金があるときにどうするの」っていうんで，たとえば，明治の初めだったら無人島体験なんか別にさせなくたって，その辺で自分でご飯炊かなきゃいけなかったり，自分で食べる物を探してこなきゃいけなかったりするのは珍しいことじゃなかったんだけど，こんな時代になったから，あえて子どもたちを無人島に連れていってサバイバルするみたいなことをしなきゃいけないって彼は言ったんですけど，今になってみれば，貧に処する教育こそ近代教育。貧しい国が豊かになっていくというのが近代ですから，その近代教育がまさに貧に処する教育だった。

　富に処する教育っていうのは，むしろ成熟社会においてどうしていくのかっていう問題。だから，生涯学習社会っていうのはまさに富に処する教育っていうことにつながっていくんだなと思いました。

(3) 生涯学習振興の仕事

　——そこで，生涯学習振興の仕事にかかわっていくという話になっていくんですね。

　そうですね。生涯学習振興の仕事をしたいと言ったときには，周囲から「本気か？」と言われました。普通異動するんだったら，初等中等教育局とか高等教育，要するに大学行政の最前線とか，初等中等教育行政の最前線みたいなところに。それを，次官が「どこでもやりたいポストにつけてやるって言われてるのに，何言ってんだ」みたいな話。たしかに，それはよくわかってるんです

けど，そういうのは多分，新幹線の運転手をやるような仕事で，新幹線を動かしちゃいるんだろうけど，別に動かすのは自分の創意工夫とかするような話じゃないっていう意味で。生涯学習の担当っていうのは，本当に未開のジャングルに線路を敷いて，そこに機関車を運転していかなきゃいけないような話。その列車の機関士になりたいからそっちに行くんですよ。そうすると，ジャングルだから何が出てくるかわからないし，線路に牛が寝てるとか，それをどかすとかいうようなことからやっていかなきゃいけない。そういう仕事こそおもしろそうだからやりたいんですねっていうふうにいった感じです。

ごめんなさい，話が長くなっちゃったけど，要するにわかんないんです。誰もわからない。学者もわかんない。役所の人間もわかんない。私もわかんないところから始めなきゃいけないわけだけど，生涯学習社会って言われたってね。いつでも，どこでも，誰でも学べるって，簡単にそうは言えるけど，いつでも，どこでも，誰でも学べるようにするには「どうしたらいいの？」というところへ乗り出したわけですから，実は政治家にもわかってなかったろうし。

誰もわかってないけれど，やっぱりこれからの時代は生涯学習社会。おそらくそれは，ヨーロッパの社会などを念頭におきながら考えていたんでしょう。生涯学習の先進地っていうのはヨーロッパだっていうのがあって，そのころ定評だったですね。ポール・ラングランとか会ったこともないけど，ユネスコでポール・ラングランがライフロング・ラーニングって言ったんだとかいうけど，「はあ」なんていうようなもんで。私は全然読んだことも実はないんです，正直言えば。日本のことは日本で考えなきゃいけないことだというのが私の主義なので，外国のものをもってくるといかにもいいみたいだけど，それじゃこれまでやってきたこととちがうわけだからっていうんで，変えなきゃいけないと。

(4) 民間の活動への注目

——1988（昭和63）年4月に，社会教育課課長補佐になったんですね。

本当に最初は「どうしたらいいんだろう」と思うんですが，途方に暮れるわけではなくて，おもしろいって言っていて。私は傲岸な人間ですから，人から

指図されるのがあんまり好きじゃないんで。あんまりじゃない，まったく好きじゃないので，誰も指図できない。これは調子いいというふうに思っていて。

そうはいいながら，それまでの文部省のなかでの社会教育とか生涯学習の理論的支柱だった当時の生涯学習局長がいるんですけど，その人が言うこともおかしい，ずれてるんですね。たとえば，こういうことがあったですね。

あのころ，彼が一生懸命やったことなんだけど，学校のプールを地域住民に開放すると。昼間は子どもが使うわけだけど，夜はもう使わないわけだから，それを地域住民の社会体育の場として提供するっていう事業があって，それはそれでいいことなんですけどね。あるとき局長に呼ばれて，係長が説明に行ったら怒られましたとか言ってるから，なんだろうと思って行ってみたら，プール開放は，最初はゼロからスタートしたわけですが，それからどんどん開放が進んでいって，来場者の数も伸びてた。それが止まってるじゃないかと。おまえらの努力が足りないんじゃないか，どうなってんだと。

俺がせっかくやったのに，何やってんだという話で。「局長，おっしゃるとおりでございますね」と言いました。それをやることはいいんですが，なぜ伸びないかっていうと，もう学校のしょぼいプールなんか誰も行きたくないんですよ。民間のスイミングクラブがバブルのころに急速に増えていってるわけで，そこに行くと冷暖房完備で，インストラクターのかっこいいお兄ちゃんやきれいなお姉ちゃんが教えてくれる温水プールだったりするのに，誰が悲しくてしょぼい学校のプールなんかで，照明設備もろくにないようなところで泳ぎますかね。

それは国民全体でみていかないと，そこの部分だけのパーツをみて学校開放が進みましたって，そういうことじゃないので。申し訳ありませんが，これはもうこれ以上伸びるっていうことは現状ではないことですから，当然開放は続けていくとしても，それはスイミングクラブでそれをやってる人たちがいるっていうことを念頭におかないと，国民全体がどれだけ水泳を楽しんでいるかっていうようなことの把握にはならない。

――民間の事業への注目・連携ということですね。

要するに，文部省が学校を開放するだけが生涯学習の支援じゃなくて，「民

間がスイミングクラブをどんどんつくりますよ」というようなこともそうでしょう。そうすると，そのスイミングクラブを所管してるのが，多分その当時だったら通産省が自分のところが所管してるっていうふうに理解してる。彼らは経済面・「金もうけ」のことしか考えてないわけだから，もうちょっとそこのところ話して，いろんな体制を考えていかなきゃいけないんじゃないのか。

　その一番の典型は塾ですけどね。塾っていうのが，当時の文部省は，文部省に限らず，教育委員会も，学校も，学校教育関係者は全員，塾というのは「あるけどない」って言ってるわけですね。あるのは認めざるを得ない。そこに看板あるんだけど，あれはないものだと思って考えなければいけない。ないものだと思って考えるって生涯学習社会の発想ではない。あるものを総動員して，いつでも，どこでも，誰でも学べるようにしていかなきゃいけないわけだからというような議論なわけでしょ。そういうなかで，どこからか，邪魔しにくる人たちがいるわけですよね。塾なんかと付き合っちゃいかんとかなんとか言うような人たちがいるなかでやっていくわけです。

　これは戦略として，これはのちにもいろいろ言われますけど，社会教育関係者からは随分そのころに恨まれたわけですけど，生涯学習局という局をつくりなさいと臨教審答申が言っている。しかも，それを筆頭局にしなさいと言ってる。筆頭局というのは，一番偉いという意味ではなくて，文部省のお仕事っていうのを説明するときに，まず生涯学習から説明するっていう意味だから，誠に理にかなってるんだけども，行政改革とかいうまた馬鹿なことがあって，数合わせをしなきゃいけない。だから，新しく局をつくることはご法度なので，どこかの局を潰して，じゃないと生涯学習局というのはつくれない。どこを変えていくんだっていうときに，学校教育の高等教育局とか初等中等教育局は「なんで俺たちが生涯学習局になんなきゃいけないんだよ」って思ってるので，社会教育局が生涯学習局になったわけですよね。それは，私はそれなりに理屈が通っていると思ったし，私が考えた手順でも，どこから手をつけるのかねといったら，それは社会教育から手をつけるしかないわね。学校教育をいじるっていうのは大変なことですから，それは相当なことがなきゃいけない。社会教育

付　論　生涯学習振興と民間との連携　　**173**

をいじる。社会教育をいじるにはどうしたらいいかっていうと，上からああしろこうしろじゃなくて，社会教育というのは活用してるのはまさにその学習者で，社会教育を義務づけられてる人なんかいないわけですから。学校教育は，小中学校は義務教育になってるのはもちろんのこととして，高校だって，大学だって，行くほうが当たり前ってみんなが思ってることなんだけど，社会教育っていうのは別に図書館に一生通わない人だっていて全然問題ないみたいなものだから，逆にいうと，ユーザーの側の感覚が反映される度合いが多くなって，学校っていうのは，ユーザーである子どもの意見なんか，まずその当時，子どもの意見を聞くとか，今日みたいに子どもが先生の評価をするなんていうのもあり得もしないことだったわけで，学校に苦情の1つも言えないと。子どもは人質に取られている。だから，子どもが殴られようが，性的ないたずらをされようが泣き寝入りみたいな状態の時代なわけですよね。

　なので，戦略・戦術を立てていかなきゃいけないわけですけど，まずは社会教育のほうを変えましょうというんで，全国の社会教育の皆さんにはもちろん，この考え方変えなきゃいけませんよって言うんだけど，あんまりそうだって賛同する人はいなかったですね。社会教育関係者ですら，全然冷淡なものだったですよ。私の知るかぎり，ずっとどこ行ったって，社会教育関係者から社会教育の敵だと思われていた。とにかく行くと総スカンを食ってたんですね。

　あのときに，東北大の名誉教授の塚本先生っていう社会教育の大御所がおられて，東北，北海道の社会教育主事はもう全部あの人の弟子だ，みたいな。塚本さんっていう大先生が唯一，「君の言うことはおもしろい。たしかにそうだ。だから，この人の言うことをちゃんと聞け」みたいなことを言ってくれたんで，社会教育主事も真面目に聞いてくれるけど，そうでないところは多分，あとで教育長として行くことになる広島の社会教育主事なんかもう，全然右から左へ素通りしてたんじゃないかと思うんですね。

(5)　**全国行脚**

　じゃあ，どうするかっていうと，世田谷のPTAに行くんじゃなくて，今度

は全国回って，生涯学習ですから，普通の人みんな集めて，そこの住民をみんな集めて，生涯学習はあなたたちがやりたいことをやってください。これやりたいのにできないって言ったら，あなたのほうがそれを要求する権利があると言うんです。たとえば，この町で私はフランス語を学びたいと思うんだけど，フランス語が学べるところはどうなんだったら，社会教育の所に行って，「フランス語講座ないんですか」と，あるって言ったらそこへ行きゃいいんだし，ないって言われたら，「どうしてないんですか」って言い，「どうしてつくらなければいけないんですか」って言われたり，「学ぶ人が10人いればつくります」みたいな話になるんだったら，10人集めりゃいいわけだけし，みたいなことをしていかなきゃいけない，と言うんです。それから，社会教育の現場の人たちには，あんたたちはふんぞり返ってこの人の話を聞けじゃなくて，御用聞きをしてもらって，「一体皆さん何をしたいんですか」というようなことを考えていくように，と言うんです。

　学習者主権っていうのは，そういうことでしょっていうのが，社会教育は言いやすいわけですよ。主権者である学習者は納税者でもあるわけだから。学校の生徒は納税者じゃないから，選挙権ももってないんだけれども，普通の人たちに，あなたたち，たとえば，どうして，夜，図書館使えないんだって思うでしょって。思うよね。大半の人は，サラリーマンなんか絶対使えないしくみになってるわけだから。それで言われたら，もう瞬く間にというか，ほとんど時間かからなかったですよね。土曜日，図書館を夜まで開けるとか，平日も夜まで開けるとか，どんどん進んでいって，家にいてちゃっちゃっとインターネットを使うと本が届いてきて，また返すとかいうとこまで今はきてるわけです。学習者の利便性を優先しろっていう考え方は，社会教育ではスムーズに浸透した。それこそ「ゆとり教育」のときは，不安だとか，駄目だとかなんとかって言う人はいっぱいいるわけだけど，社会教育だと納税者がこんなに便利に図書館利用できるようになるんですということになる。公民館だって，9時5時しか，同じ時間しか開いてないから夜は使えない。じゃあどうするんだ。住民が鍵を預かって使えるようにするとか，夜，職員を配置するとか，そんなことやるよ

うになってからでしょ。それは，みんながいいことだ，それに反対っていう人は一人もいないんで，「みんなこう言ってるからやんなきゃいけないじゃないですか」っていう，まず社会教育の側を変える。学校の外堀を埋めていくみたいな話なんですけどね。それを最初の2～3年徹底的にやりました。

(6) 生涯学習局の設置

　――生涯学習振興法というのは，寺脇さんが課長補佐のときにかかわった仕事ですね。1988（昭和63）年7月に生涯学習局ができるんですね。

　生涯学習振興法っていうのは，大した意味のない法律だと思ってたんですね。こんなの書いたってしょうがねえよと。要するに，ものすごい労力だったので，人が死にかかるぐらい働いて，やっとできて。でも，中身は別にない。今よく言われます，中身のない法律だって。ないんです。

　私は，私学助成課の補佐から，社会教育課の課長補佐に，1988（昭和63）年の4月に行くわけです。もう7月から社会教育局が生涯学習局になることは決定していたことなので，3カ月だけ社会教育課の課長補佐っていう立場でやっていって，その社会教育課が生涯学習振興課と社会教育課に分かれて，従来の社会教育業務だけをやる社会教育課と，それから，全体の司令塔である生涯学習振興課になって，そこへ横滑りして，生涯学習振興課の課長補佐になったのが昭和63年の7月ですね。

　1988年の7月から生涯学習っていうのが日の目を見たわけですからね。みんなびっくりするわけですね，「生涯学習って何」って。文部省の建物に「新しい風，生涯学習」とかって垂れ幕が下がっていたり，あのときはテレビCMまでつくるということもあってね。誰も見てない時間帯にしか流せてないわけですが。

　――記憶にないですね。

　夜中に流れてましたよ，金がないからね。もうテレビ朝日にはなってたのかもしれないけど，もともとテレビ朝日っていうのは日本教育放送という，教育専門の，教育を中心に放送する民間放送っていうことでつくったとこなんで。

今は全然教育のことなんかやってないけど。だから，そこに頼んで，こんだけの予算しかないけど，テレビCM流してくれないって。「いつでも，どこでも，誰でも学べる」，それから，「新しい風，生涯学習」ってフレーズをつくって，ドーンっと行きましょうというんで。だから，7月以降はそうやって全国回って，そういうことを広げていかなきゃいけない。だって，予算もあんまりないことなんで，広報宣伝っていったって，今言ったように，夜中にCM流してるような話だから，実際に自分でそこへ行ってこうなんですよと，生涯学習。なかなかそれを理解してもらうのはむずかしいんですね。生涯学習なんてわからんな。死ぬまで勉強しろということかっていうふうに言われますね。死ぬまで勉強しろって，冗談じゃないよと。学校いるときだけでうんざりしてんのに，死ぬまで勉強しろと国が命令するのかっていうふうに。これは，実は審議会でも誰か委員さんか「死ぬまで勉強しろっていうのは不愉快だ」って。そうじゃないんですよねっていう話で，一生懸命回っていて。でも，わかんないんです。

　田舎のじいちゃんばあちゃんにわかってもらわなきゃいけないんで，そういうんで集めるとお年寄りとかいっぱい来るわけですね。これも今の人には考えられないけど，その時代に流行した言葉に「濡れ落ち葉」っていう言葉。樋口恵子さんのつくった言葉だっていうことがあとでわかるんですが，大流行語ですよね。今日だったら，流行語大賞に確実になってる「濡れ落ち葉」。これは何かっていうと，当時，60歳で定年退職した男のほとんどが，何もやることがなくなってしまって，うろちょろしてて，家でただじっとしてると。奥さんのほうは，地域社会とのつながりもあるし，自分のいろんな趣味ももっているので，どっか出掛けようとするとまとわりついてくるというんですよね。乾いた落ち葉ならさっと掃けるのに，まとわりついて，濡れた落ち葉ほどやりにくいっていうような話があるようなこともあって，それは実は相当な社会問題化してたんですね。

　だから，生涯学習っていうのを最初のころ，それ，年寄りのことでしょってみんな言うわけです。いいよ，取りあえず年寄りでもいいからって。つまり，攻めやすいところから攻めていくしかない。年寄りのことじゃないんだけど，

年寄りの層から攻めていかなきゃいけない。皆さん，どうするんですか。60で定年退職して，人生80年っていったら20年ある。その20年何するんですかっていう話をずっとしていくわけです。若いころは勉強する，一生懸命働く。こっから先どうするんですか。それもいろんなところ入って行くけど，うまい具合に私の父親がその状況に陥ってしまっていたので，それを材料に使って。うちの父親なんか，大学教授で，医者だったのに，もうその仕事を去ったら何もすることなくて，朝からため息ついて座ってるんですよ。どうですか。それって困るでしょ。生涯学習っていうのは，なんかそういうものをもっていくっていうことですよっていうんで，当時わかりやすく言ってたのは，生涯学習っていう字面は硬いよねとか言って。生涯学習の"生"っていう字は生きると読んで，"涯"っていう字を続けると「生きがい」っていうふうに読めますよねと。子どものころは勉強することが生きがい。社会に出ると働くことが生きがい。それが両方なくなっちゃったときにどうするんだと。そこには生きがいがなきゃいけない。学習の"学"っていう字は，学ぶっていう字じゃなくて，楽しいっていう字に置き換えてみましょう。要すれば，楽しい生きがいというものをつくっていくんです。なんでもいいんですって言ってた。

「こんなのでいいんじゃろか」って聞かれると，「それでもいいんです！」と。シェイクスピアを学ぶとか，そんなことを言ってたら誰でもは行けないですから，なんでもいいんです。たとえば，碁，将棋，マージャン，そんなもんでもいいし，菊づくりだっていいし，魚釣りだってなんでもいいんで，それ全部学習なんですから。あなたがそれを楽しい生きがいだと思った瞬間，それは学習になる。そうではなくてって，そのころよく言ってたのは，自分で「あしたはゴルフに行くぞ」って，ワクワクしてゴルフに行くのは生涯学習なんだけれども，会社の接待でお得意さまのお供して，お得意さまより下手に打たなきゃいけないとかっていうふうに思ってるのは，これはお仕事ですから，生涯学習じゃありません。つまり，同じゴルフでも，それが本人にとって楽しい生きがいの行動であるかどうかということに基準があるんです。だから，なんでもなり得るんです。あなたが思った瞬間，それは生涯学習なんですと。そして，「わ

しはこの生涯学習やりたいから，ゲートボール場つくってくれ」とか，そういうことを要求する権利があなたたちにはあるんですっていうことですよね。いうまでもなく，その人たちは有権者ですから，市町村長だってむげにはできないんであって，そうやって「やろう」って言って，「じゃあそうしましょう」っていうんで。

　つまり，60歳以上の人が学ぶしくみっていうのは急速に発展をするわけですね。みんな大賛成だし，こうしていくと反対する人はいないわけ。だから，今はもう，60過ぎてため息ついてる人っていうのはまず見かけることはなくなってきてるようなとこまできてる。だから，ある意味，生涯学習社会っていうのはこの部分においてはもう完全に成功していると言ってもいいんですよね。そこからまず入っていったので，生涯学習振興法っていうのは，そうやってるさなかのまだ先ですね。1990（平成2）年につくるわけですから，まだ先の話なんですね。1988（昭和63）年から1年ぐらいはそういうことをやっていて。

(7)　全国生涯学習フェスティバル

　——生涯学習フェスティバルというイベントも仕掛けとして意味ありましたね。

　1つの節目は1989（平成元）年の11月か。生涯学習フェスティバルっていうのをやると。これも，上の人たちがそういうのは打ち上げなきゃいけない，ドンッと打ち上げて，みんなにわかるようなイベントをしなきゃいけないって。「この忙しいのにイベントかよ」とかって思ったんだけど，よく考えてみたら，確かにイベント効果はあるかもしれないなと思って，「やるんだったらもうしょぼいことやってらんないよね」っていうので，千葉の幕張メッセがちょうどできて話題になってるころだから。千葉県でやるっていうのは，上のほうが，千葉なら頼めばやってくれるはずだみたいな話で，実際やってくれて，千葉県と千葉市が一緒になってそれをやると。どこでやりましょうか。千葉県立競技場かなんとかいって，そんなしょぼい所でやってたって話になんない。千葉県も幕張メッセ使ってほしいというから，使おうじゃないかっていうんだけど，国の予算は1億円しかなかったですね。幕張メッセの借り賃がほぼ1億円，8千

何百万なんですよね。それで会場借りちゃったら，あとはどうするのと。

　こんな広大なものを借りてやることない。やることには金が掛けられない。だから，掛けないんですよと。生涯学習なんですから，ここへ来たらみんな展示しなさいって。だから，いわゆる中身は各企業や団体や，つまりそれは，公的な公民館連合会も公民館なんとかってやればいいわけだろうし，それは皆さんの予算でやってちょうだいね。こっちは，こんなすばらしい場で公民館の話ができるなんていうことはなかなかないでしょみたいなことでやったのが，図らずも生涯学習っていうのがもう民間も入ってるんだなっていうことを強烈に印象づけることになったんですね。あのとき，お茶の水女子大学の森隆夫さんから辛辣に批判をされて，見本市か祭みたいなことをやるのが生涯学習かって書かれたんですよ。「何言ってんだ，この爺さん」とか思って。森先生は，まだそんなに年とってないけど，私も若いですから。私もまだ30代です。そのときは森さんもわかってなかったのね。あとでだんだん森さんもそれがわかってきて，生涯学習っていうのはこうこうだって。それぐらい，森先生みたいな立派な先生でもよくわかってない。

　たとえば，サッポロビールのブースとかあるわけですよ。それはもうとんでもないでしょ，そういう考え方からしたら。サッポロビールのブースがある。私が売りに行くわけですよ。出してもらううえに，金まで取るんですよ，こっちがね。出店料とかいって，金を取って，一コマ幾らって。もう幾らだったか忘れたけど，30万かな。一コマ30万で売れっていってね。ありとあらゆる企業に声掛けて，「なんでうちなんですか」って言われるわけだよね。サッポロビールの人がびっくりするわけ，「なんでうちなんですか」。だって，ビールだってこのごろはなんとかっていって銘柄つくってやってるじゃないですか。ついこの間までは，サッポロビールっていうと一種類しかないし，キリンビールっていうと一種類以外ない。今だったら，一番搾りとか，秋味とか，なんかこんなの出てるみたいに，そういうふうにいろんなものからチョイスしていって，ただビールを飲むんじゃなくて，きょうは和食だからこのビールを飲もうって。まさにこれ生涯学習なんですよって，すべてのビール会社に言ったけど，出し

てくれたのはサッポロビールだけだったんで，それから何年か私はサッポロしか飲まなかったのですが，極端な例がそのサッポロビール。

住友金属の偉い人を紹介してくれるっていう人がいて，住友金属が金の茶室かなんかをつくっちゃってくれて。金の茶室とかは，金箔を使ってこういうのができますみたいな感じで。昔から金の茶室っていうのは，殿さまじゃなきゃ行けないとこだったのが，みんなもこういうことができるようになりましたとかいうのがあったりとか，いろいろですよ。そういういいのもあったり。いろいろ批判も受けましたよ。

なんでもかんでも営業です，電話かけて，アポ取って。一応どんな会社でも，文部省の人が来るっていったら，門前払いはさすがになかなかないので，行ったら，もうこっちがしゃべくりまくって取らなきゃいけない。JR東日本が一番大きい所を買ってくれたんですね。20コマか30コマ買ってくれたのかな。30コマ買ってくれたんだ。30コマ買ってくれるんだったら，そのとき行ったら，予算がどうって20コマっていうから，わかりましたって。具体的な数値は忘れたけども，20コマなら買いますと。20コマ×30万だから，600万なら出せますっていうから，そんなに買ってくださるんだったら，半額にしますから40コマ買ってくださいっていって，じゃあ，JR東日本さまは40コマって。40コマってすごい大きいから，会場のなかの真ん中に置いて，すごく見栄えがしてくるし，40コマを20コマ分の金で売ったって，上物は向こうがつくんなきゃいけないんだから，40コマ分の上物を向こうは用意してくれるわけだから，それだけここが豪華になっていいやみたいなことをしたり。もちろん，真面目な文部省や文化庁関係の公的団体もいっぱい出てくる。

たとえば，日本将棋連盟とかは，やっぱり文部省がやるんだからっていって，当時の大山永世名人が来てくれて，子どもに将棋教えてくれたり，そうそうたるプロ棋士たちがそこに来てくれるとかね。私も今関係してる落語の団体，落語協会とか落語芸術協会，当然ただでみんな出演して，落語やってくれるとかいうようなことをやっていき。もちろん，社会教育団体なんかはもっとここぞとばかりに，資金力のある社会教育団体がすごい有名人呼んできて，幕張メッ

セで講演会みたいなのをやったりとかしたんですよ。

　でも，民間で一番やってくれたのは，三越百貨店。私，その前の年に1カ月「奉公」に出てたもんですから，研修で。三越百貨店に1カ月行ってた関係もあって，三越に行ったら，幕張メッセのすっげえ大きな一棟の所を三越が借りてるって。この分は三越が借りてますっていうわけです。全部借りてるわけじゃないですけど，そこは三越が借りてる。「何やるんですか」って聞いたら，三越がセールみたいなものをやるために，特別なお得意さまに声掛けて，要するに本店では売ってないものをここで売りますみたいなセールをやるって言うから，やるんだったら，ただのセールやるんじゃなくて，そこに生涯学習を絡めてやりましょうっていう話になって。

　「じゃあどうしますか」って言ったら，手塚治虫さんが亡くなったころで，手塚治虫展っていうのを三越でその前の年にやってたんですよ。でも"漫画？"しかも"民間？"そんなものに見向きもするわけがないんで，文化庁も相手にしてくれない。じゃあ，生涯学習局で面倒みましょうということになった。漫画も生涯学習だし，手塚治虫っていったら一流の人物なんだからこうですっていって，多分初めてだと思うけど，三越百貨店でやる手塚治虫展というのを，後援・文部省とかいってやっちゃって，しかも，文部大臣に視察に行ってもらうような演出をしたら，大臣喜んで，孫にお土産いっぱいもらって喜んで帰ってきてましたけどね。そのときのいきさつもあることだから，あの手塚治虫展をもう1回千葉の人たちに見られるように，そこでやったらどうですかみたいなことをやってた。

　それで，大体10万人ぐらいは人呼ばないと，これはもうとてもじゃないけどガラガラだよねみたいなことで，目標10万人って書いてたら，局長が交代して，その次の局長から呼ばれて，彼が激怒してるわけです。「10万ってなんだ，おまえ」みたいな話になって，1万にしろって言うわけですよ。10万って言って，10万来なかったらどうなりますか。文部省が赤っ恥で，私の責任になってしまう。だから，こんな10万人なんて，そんな呼べもしないような人数を書くんじゃないって言ってすごい怒られて，それぐらい呼ばないとこういうこ

とにならないって。「君は呼べると思ってるんですか」って言うから，呼べるとは思ってない。呼べる確証はないんだけど，呼ばなきゃいけないと思っております。そのころ，本当に夢に見てるんですよ。夢に見るのは，誰も来なくてガラガラっていう夢を見るぐらい，それは私も自信がなかった。こんなもんに10万人も人が見に来るだろうかと。10万人っていったら大変な数ですからね。それが来るにはどうしたらいいんだろうかって。

　そのときは，そういうプロが入んないとできないですから，電通に入ってもらって，電通でこうやってとにかくあれしようって。結果的には24万人ぐらい来ちゃって。一応私は，来過ぎたときにどうするかっていうシミュレーションはしてたわけです，ずっとみんなから冷笑されながら。そんな心配をする暇があったら来ないほうをなんとかしろとかっていうのを，来過ぎて事故が起こったらこれはまた大変だからなんとかしなきゃいけないわねと思ってやってたら，予想っていうか，予想でもなんでもないんですよ。単に目標。切りがいいから10万人って言ってただけの話なんだから，それの2倍以上の人が来る。すごい盛況になる。これは手応えを感じましたよね。民間も全部巻き込んで，これが生涯学習だ。

　——生涯学習フェスティバルのコンセプトということを問われませんでしたか？

　この生涯学習フェスティバルってどういうコンセプトなんですかとかということですね。行政がやることはなんとかってテーマ掲げてやんなきゃいけない。でも，なんもないんですよ。「えっ」て，無責任じゃないですか。無責任じゃないね。これはもう闇鍋みたいなもんでして，鍋だけすばらしい鍋をこっちが用意するんで，あとは各団体が食材持ってきて，ここの中へ入れてくださいって。そうすると，いろんなのが入ってる鍋ができるから，おいでになった方は，その中の自分の食べたいものを食べればいいわけなのでっていうんでやりました。それをみると，なんとなく国民の皆さん，こういうのが生涯学習なのかっていうのが非常によくわかったし，役所の人間というか，行政の人たちも全国から見に来ましたよ。初めてそういうのやるからって見に来たら，こういうことなのかっていうのがわかってきて，全国生涯学習フェスティバルっていうの

付　論　生涯学習振興と民間との連携　　**183**

は確かにやった意味はあったなと思う。実際やってみたらこういうことなのか，やるとイメージが湧いてくるし，それとやっぱり国の威力恐るべしで，国が生涯学習フェスティバルやってるっていうと，県単位でやらなきゃいけないってみんな思っちゃうんだよね。広島県生涯学習フェスティバルとか，なんとかっていうようなものができてきて，「おおっ」ていうのがありましたね。

(8)　生涯学習振興法の制定
　——その次に，生涯学習振興法へいくわけですね。

　1989（平成元）年の11月にフェスティバルを終えたら，次は法律やんなきゃいけないって言うんで，法律っていうのは，あの仕事は半年がかりだったから。生涯学習フェスティバルの仕事は楽しくておもしろいんだけど，また法律つくるっていうのは厄介な話で，これはなかなか専門的な話ですけど，要するに，各省庁の調整をするっていうのにものすごく時間がかかる。当時は文部省がつくる法律ってほとんどないわけですけど，大概は文部省にしか関係ないんですね。学校教育法を改正するとか，国立学校設置法を改正するとかいうのをいつもやってるわけ。そのとき，誰も文句言わないですよ。学校をどうするのかっていって，それ，よその省は言わない。国立大学を新しくつくりますって言ったって，それつくるなとか言うところもないですよね。唯一，それで最初にもめたのは，放送大学学園法っていうのをつくるときに，ほかの省庁に全部説明に行かなきゃいけなくなっちゃって，普通はもう大体スルーなわけですよ。「国立大学設置法？　もういいよ，聞かなくても。適当にやれ」みたいな話なんだけど，放送大学学園法っていうのは今でもそうだけど，文部省と郵政省，今だったら総務省の所管団体になって，それでも説明すると学校は文部省でしょ。放送をやるから，それは郵政省が免許を出さなきゃいけないから，まあ仕方がないよねって。そのときも，私，担当してたんで，係員で担当してたのかな。だから，そう大したことなかった。ところが，生涯学習っていった瞬間，俺のところも関係ある，これのところも関係あるって，大変なんですよ。

　話は戻りますけども，生涯学習局をつくるっていうときには，政令っていう

のを変えなきゃいけないわけです。文部省組織令っていう政令があるので，政令を変えなきゃいけない。政令っていうのは，国会の審議は必要ないけど，閣議の了解は得なきゃいけない。だから，別の大臣が「そんなの認めねえよ」とか言ったら，駄目。閣議は全会一致じゃないといけないですから，ということ。それで各省庁に説明に行ったら大変なことになっちゃって，そのときは2カ月ぐらいかかったのかな。そういうことをもっていくと，なんで文部省だけ生涯学習っていうことがいえるんだ。それは理屈なんですよ。生涯学習ってあらゆること関係あるっていってんだから，「俺のとこも関係あんだろ」みたいな話になって。じゃあ，なんで文部省にだけ生涯学習局おけるんだ。あなたのとこもつくったっていいですよって。こっちは，排他的にこれをつくらないっていうわけではないわけだから。でも，おまえのとこが先につくっちゃったらこちらはつくりにくいよ。そんなことないでしょって。外務省経済局とかあるんだけど，あれ別に経済局って外務省がつくってたからつって，通産省が文句言うわけではないでしょとかいうぐらいのこというんだけど，相当大変だったんですね。これを法律でやるっていうことになったら，もうどんだけ大変と思って，もういいじゃないですかとかって，上の人に。「こんなんつくらなくていいっすよ」って。実際はどんどんこうやって順調に進んでるんですから。そしたら「もう自民党の先生方にお約束してあることなんだから，俺はやらないわけにはいかない」って。そんな上の連中は自分ではやらないくせによく言うよなとか思って。実際やらないわけです。

　やらないっていうのは語弊があるけど，やらないっていうのは，上の人たちはサボってるんじゃなくて，わからないわけですよ。生涯学習とは何かって説明できる人がいないわけですよ，私より上の人には。全国の会議とか，相手がおとなしく聞いてるとこでは，こっちが用意したもん読めばいいけど，向こうがそれはちがうだろうとかって丁々発止になっちゃって，「この場合はどうなんですか」とか言ったらもう全然話にならないから，結局，私が当時の20なんぼの省庁全部回っていって説明したけど，そんなもん1回じゃ済まないし，「また来い」とかなんか言われて，やっていくようなことをやって，どえらい苦労

してやる。だから，こんなもんつくらなくてよかったんだよと思って，本当に上はメンツだけでこういうこと言うからと思っていたけども，現実にできたら法律の威力っていうのは恐ろしいもので，なんも中身ないのに，生涯学習振興法ができたら，各都道府県もこれはもう真剣に生涯学習やんなきゃいけない。

　じつは，生涯学習局というのができたときに，各県で社会教育課を生涯学習課に変えたとこがたくさんあった。でも，うまくいかなくて元に戻したということがいろいろあったんだけど，それは国が社会教育局を生涯学習局にしたからうちもしなきゃいけないと思ってやったとこがうまくいかないわけですよ。理念がわかってやってるわけじゃない。生涯学習局に上乗せして，こうやって。そういえば，広島県の教育長してるときにもなんか変えちゃったね。生涯学習部とかいうのをつくっちゃった。そうしないと説明がなかなかつかないからとか言って，「生涯学習部があって，学校をやっている教育部っていうところがあってっていうような体制に変えていかないと，わかんないよね」みたいなことは言いましたけど。要するに，かたちっていうのもそれなりに威力があって，生涯学習振興法っていうのができたら，生涯学習振興条例とかをつくんなきゃいけないとかまた自治体が思うから，法律という錦の御旗も意味はあったんだなと。労力に見合ってるかどうかわかんないけど，コストパフォーマンス的にはえらいコストを使ってしまいましたけどね。よくあのときに，死んだり病気になったりする職員がいなかったと思うぐらいの苦労なんで。それはさて置き，その法律をそこでつくる。

　それが1990（平成2）年の国会通ったのが，国会の会期末の最後の日。国会でももめにもめて，6月末の最終日かなんかに通った。で，7月からそれを施行したのかな。たしかにある意味，それを歴史みたいに研究する人がいるならば，そこが1つの到達点というか，法律ができましたよっていう感じですかね。実感としても，「これはここまで来たよね」っていう感じ。もう私がしゃかりきになって全国走り回るなんていうことはしなくても，大体これで生涯学習って言ったときに，少なくとも教育委員会の人で生涯学習という言葉を知らない人はいない。中身の意味がわかってない人がいっぱいいることは，広島県の教育

長になってみたらよくわかりましたけれども，取りあえず生涯学習って言葉はそこで定着はしたし，そのころになると，土曜日やろうとか，夜までやっていこうとか，日曜日も図書館開けるようにしようみたいな話がどんどん進んでいって，社会教育の人たちも最初は抵抗勢力だったけど，やっぱり住民が喜んでくれる姿を見たら，社会教育っていうのは変わるんですよね。

　当時，象徴的なことがあったのは，あれは 1991（平成 3）年だったかな。その次の年だったんじゃないかと思いますけどね。全日本ピアノ指導者協会っていう，これは公益団体，社団法人。ピアノの先生たちの集まりがあると。そことはよく付き合ってて，さっきの幕張メッセのときの開会式で，ピアノ 111 台に，こんな小さい子から，じいちゃん，ばあちゃんまで。生涯学習を象徴するようななんかイベント考えようってことで，111 台のグランドピアノを並べて，これはもちろんヤマハとカワイに貸し出ししてもらってるわけですけど，それでも，浜松から運んできて，調律して，帰ってくれるから，ヤマハもカワイも相当な出費だったろうと思うけど。そこで募集したら 400 人ぐらいの応募があったから，111 台。またそこが，あのときって，そのピアノ指導者協会の会長ってもう亡くなったけど福田靖子さんという，話のわかる女性，私がピアノのおばちゃんってあだ名つけてた人なんだけど，その女性が「やりましょう」って。

　そのアイデアは彼女が出して，ヤマハ，カワイにいったらって，さすがだね。みんな応募しましょうっていったら，400 なんぼ応募が来ました。こっから選抜して 111 人にしますっていうから，そんなのは大体生涯学習的じゃない。やりたいっていったらみんなやらせなさい。どうするんですかって，1 つのピアノに 4 人ぐらい就いてりゃいいんで，入れ代わり立ち代わり弾くとか，ピアノには連弾とかいうやつもあるじゃないのと。ここでおじいちゃんと小さい女の子が連弾でもしてごらんなさいよと。それはまさに「死ぬまで学び続けるっていうことの実例になりますがね」って言ってやった。そのピアノ指導者協会が，子どもの数が減ってきて，なかなかピアノの先生たちも，もう大概の子はピアノ習ってるから，子どもの数が減ってくると困るんですよね。子どもにだけ教えようとしてるから逃げられちゃう。ヤマハとか，カワイとか，授業料取って

音楽教室やって，結構な盛況じゃない。ああいうのを社会教育の場でやりゃいいんだって。そんなやってくれる社会教育機関あるでしょうかねっていったら，どっこもやってくれないわけですよ。そんなものはなんでって。ピアノなんかを大人が習いに来るはずがないといってるわけ。はずがないっていうのと，それから授業料取るのが許せないってまたいうわけですよね。これもそのときの大問題だったんですね。社会教育は無償でなければいけないという，根拠のない思い込みが跋扈しているので，社会教育は金を取ってやったって構わないと。公民館で営利の事業をやったって構わないっていうこと。これは，法的にももう，広島県の教育長をしてるときに，文部省のなかからできないから，ちょうど俺，今，外いるからいいやと思って，行政実例を出してくれ。広島県からお伺いをいたします。何かそういうことを言ってますけど，それは本当にそうなんでしょうか。内閣法制局とご相談のうえ，ご回答くださいとかいって，すごい嫌がられたけど。でも，当然，聞いたら，そんなことはおかしいって。行政実例っていうのは，法律ではないけど，法的根拠になるので，それをつくったぐらいで。それがようやく1993〜94（平成5〜6）年ぐらいなわけですから，その思い込みが激しかった。

⑼ **民間との連携**
——そう，広島県の教育長としてのお仕事でしたよね。

　広島行く前は，1992（平成4）年に初等中等教育局の職業教育課長っていう課長になって，そこから広島へ行ったんで，私の生涯学習キャリアっていうのは，基本的には生涯学習局にいるときは生涯学習のことばっかり考えてるけど，初等中等教育局に行ったら学校のことをやらなきゃいけないっていう。そこ辺りから学校にメスを入れる話になっていくわけですけどね。

　そのとき言ってたのは，「とにかくスローガンつくんないと話になんないから」って。要するに生涯学習っていうのは，企画がなきゃ話になんないと。そしてその情報が行ってなきゃいけないと。あとは連携だと。だから，「企画」「情報」「連携」この3つがキーワード。

——広島での,"民間との連携"(?)についての行政実例というのは,「自作自演」というようなことですね。

　それはもう,駄目押しみたいな話ですよ。だけど,たとえば,うちのかみさん,パッチワークやって,そのころパッチワークに凝ってて,パッチワークの先生してるって。あんたたちも幕張メッセに出たらいいじゃないかと言ったら,「そんな私たちおばちゃんが出てもいいの？」って,誰が出たっていいに決まってる。30万さえ払ってくれりゃ誰だって結構。だから,おばちゃんたち何人かで金出し合って,こんな所で私たちの作品をこうして展示されるなんてって。それで生涯学習。だから,結局,こういうその辺のおばちゃんからJR東日本まで,誰が来たっていい,生涯学習に貴賤なしとかなんとかいってやってたぐらい。ところが,やっぱりうちのかみさんなんかでも,公民館借りてパッチワーク教室やるっていうと,「月謝取るんですか」って聞かれるから,「いただきます」と答える。じゃあ貸せないよみたいな話がまだまかり通ってる。末端の公民館辺りではまかり通ってた時代ですね。

　だから,実はそのさっきの連携だってなかなか大変で,塾が一番ネックで,それは1991（平成3）年ですけど,文部省内に塾を禁止しようっていう声が出てきちゃって,「ええっ」とかいうことです。以前ある県に出ていて,学習塾が跋扈してどうしようもない,学習塾が受験をあおって許せんっていう,すごい正義の信念に燃えてる大幹部で,これをなんとか取り締まれないのかと言うんです。職業選択の自由とかあって,この仕事をやっちゃいけないって,そんなむちゃくちゃなとか言ってたら,法律には抜け穴があって,閉鎖命令が出せるわけです。わかりやすくいえば,学校じゃないくせに学校のようなことをやっているのはけしからんから,閉鎖命令が出せるんですね。それを使ってやってごらんなさいよ,そんなことを。今このご時世に何を言ってるんですかって。

　一体どんなことがそこで起こるかって。国民がどうそれを思うのか。そんなことをやってる場合じゃないです。塾と連携するっていうんだって,臨教審答申にちゃんと書いてあるじゃないですか。あらゆる民間の学習の場と文部省は連携してやっていかなきゃいけないっていうから,「あんたたちは初中局とか,

付　論　生涯学習振興と民間との連携　　**189**

そっちのエリートコース歩んでるから知らないだろうけど，こちとら生涯局ができたときから塾と付き合わなきゃいけないっていうんで，一生懸命塾といろいろやってんだよ」と，「何言ってんの。こっちは営々と3年もずっとやってきてんだよ」と思ったけど，それは口には出さないですけどね。

　そういうのがあるぐらい民間っていうことについてはとても抵抗があった。だから，民間教育事業室っていうのをつくっちゃおうというんで，もうつくっちゃえばそれでやるのは当たり前になって，私は民間事業室の職員ですから，民間と付き合うのは当たり前だというんで，勝手に室をつくっちゃった。あれはいつできたのかな。1991 (平成 3) 年の 7 月にできたんじゃないですかね，民間教育事業室。それも，実は文部省の歴史として初めてそれをやったわけですよ。なんでかっていうと，さっき言ったように，行政の組織っていうのは，法律とか政令に定められてないと勝手につくっちゃいけないので，民間教育事業室なんていうのをつくるんだったら，やっぱり政令を改正しなきゃいけない。でも，政令でやったまっとうな政令室ってなると面倒。あと，訓令室っていうのをよその省庁はどんどんつくってるわけです。これは正規の室じゃないけど，外には室って言ってやりますよっていうのを，訓令っていうその省内だけでつくれることでやる。だから，通産省なんかものすごいいろんな室をつくってやってる。ちょうどそのころ官房にいたある同僚が，「寺脇さん，悔しい」って言うんです。よその省はあんなにして室を勝手につくってるのに，うちだけくそ真面目に室つくらないっていうのがおかしいっていうから，そうか，そんなことがあるのか。じゃあ，これでやって，民間事業室っていうのつくろうぜとかいって，2人でちゃかちゃかってつくっちゃったわけですよ。またしょうもない連中からは，「寺脇は自分が室長になる肩書が欲しくてつくった」とか言われるけど，それはどうでもいい。でも，それをつくることによって，民間と付き合うのがミッションだという人たちがそこに出現することに意味がある。

⑽　学校週 5 日制の導入

　――学校週 5 日制の導入にも，民間との連携が関係してきますね。

そういうことを積み重ねていくなかで，民間との関係っていうのができていった。民間と付き合うっていうことをやってきた成果がどこで最も表れたかっていうと，その 1992（平成 4）年になるんですけど，初中局がにわかに 9 月から学校 5 日制をやるとか言い出した。月 1 回の学校 5 日制をやる。「はあ？」みたいなもんですよ。あれは本当に謎っていうか，政治的駆け引きで，ほとんど一夜のうちに決めたことじゃないかと思うけど。

だってあり得ないでしょ。3 月の半ばぐらいに学校 5 日制にするって急に言い出すんだもん。しかも，普通ならそれは来年度からですよ。平成 5 年度からっていうんならわかるけど，平成 4 年度の年度途中。これはもう日本の学校の常識からいったら，年度途中にそんな大きなことが変わるなんていうことはあり得ないですよ。学校って，くそ真面目で，年間計画でがんじがらめに縛ってるから。だけど，それをやるっていうからよっぽどの政治的なことなんだなと思ったけど，こっちにとってはラッキーなことだから，「これはいいや！」とか思って，学校 5 日制やってくれるっていうんだったら，これは家庭と地域の出番でしょみたいな感じで。ところが初中局は初中局で，自民党から「学校 5 日制にしろっ」て言われたから，「はい，やります」って言って，学校に「この日は土曜日休みにするからね」って言って，それで終わっちゃってるわけだから，さあ大変ですよ，これはもう。

PTA が「一揆」起こしてしまって，日本 PTA としては一切協力ができん，冗談じゃない。うちの子は，土曜日，学校行ってきてたのに，土曜日休んでどうしてくれる。いや，家庭や地域。家庭や地域って，じゃあ自分たちがやれっていう話なのか。しかも，こっちに相談もなく，親にはなんの相談もなくそんなことを決めるなんて「納得がいかない」って言って。しかも，それがまた，すぐ説明に行きゃいいのに，秘密なんですよ，それが。初中局は「外へは秘密だから，説明しちゃいけない」と言ってる。なので，説明もできない。5 月末ぐらいになって，解禁だから「言ってもいいよ」とかいう話になって。それは怒りますよ。5 月の末ぐらいになって，「実は 9 月からの学校，第 2 土曜日休みにするんですけど」なんて言われたら。初中局はもう，家庭の反応なんかど

付　論　生涯学習振興と民間との連携　　191

こ吹く風なんで頭に来て，夜，初中局に行って，初中局の課長の机，蹴飛ばしたりしてた．「この野郎」って．本人がもちろん帰ったあとですよ．

――そのころ青少年教育課にいた方がカラオケ店に行って協力を頼んだというような話を，又聞きですが，聞いたことがありますが．

　そうなんです．カラオケの話なんですが，1988（昭和63）年に針を戻せば，初めて地方に説明に行ったときに，長崎県の社会教育委員の会議で説明してくれって言われて，「カラオケなんかも生涯学習で」とか言ったら，もう婦人会かなんかの長老が激怒しちゃって，「カラオケなんかが生涯学習なわけないでしょ，あんた」．たしかに，怒るのも無理はないんですよ．その当時のカラオケっていうのは，おじさんたちが女性をはべらした飲み屋かなんかで，こうやって歌うのがカラオケだから，「あんなのはスナックとかバーで歌ってるものじゃない．どこが生涯学習」．おっしゃるとおりです．私が言ったのは今のカラオケのことを言ってるんじゃなくて，これからはカラオケもおそらく家族で楽しむとかいうようなことがあるんですよって．それは，私は根拠をもって言ってたんですよ．ちゃんと情報を収集してたんで．

　当時，たしかに全国的にはカラオケっていうのは歓楽街のものなんだけど，千葉県では家庭のものだっていう情報をもってたんです．そのころ家庭でカラオケをもってるっていうのは千葉県だけ．今のお国自慢番組みたいなのだったら，各県の不思議とかいったら，千葉県だけがそうだった．千葉県から文部省に来てる職員に，「おまえんち，カラオケあるの？」って聞いたら，あるって言うから，ちょっとおまえんち行こうとかといって行ったら，そりゃ千葉の千葉市内はないですよ．要するに，郊外で一戸建てで，ダーンと建ててるようなとこはあるんです．ちゃんと応接間にカラオケセットが．「これどうするの」って聞いたら，家族で歌ったり，近所の人が来て，みんなでお祝いの会とかなんとかっていうときにやるんですよって．もうこう来てるんだから，これはすぐ全国化するに決まってるし．

　そうすると，住宅事情でもてない人はどうするかっていうと，カラオケボックスみたいな．カラオケボックスって言葉は，私もそのときは思わなかったけ

ど，カラオケを，酒を飲まないでも歌う場というのが早晩全国に広がっていくわけですよね。これを生涯学習って言ったら「けしからん」とおっしゃいますかって聞いたら，「そういうのだったらいいわね」っていうことに。そういうふうにしようというのが生涯学習社会なんです。それを，民間だ，カラオケだとかいって，貴賤をつくる。貴賤なしっていうのはそういうことなんですよ。カラオケなんかしょうもないって，クラシック聞きに行ったら生涯学習で，カラオケやったら生涯学習じゃないなんて，そんな馬鹿なことはないでしょみたいなことを言っていた。

　そして，話を戻せば，1992（平成4）年9月12日，学校5日制が始まる日。もう大反対運動ですよ。みんな言ってくるのは，その日，親がいない子はどうするんだとか，親が働いてる子はどうすんだ，どうすんだって。子どもたちは居場所どうするんだ。みんな，ゲームセンターとか行って，テレビゲームとかやるんじゃないかって言うから，学びの場はいろいろありますよっていうことを広げていくために，じゃあしょうがないなって，金もないし，またあれやるかみたいな話なわけですよ，幕張メッセのときのやり方。今度は器は要らないわけだ。器はもう日本全国で，これに文部省と教育委員会がお墨つきを授けるっていう器をつくるから，何やってもいいんだよ。その土曜日，家族でカラオケに来た人は無料っていうのが全国カラオケ協議会。これは，私はそのころはまだ課長じゃないけど，民間教育事業室長ですから，カラオケは通産省の所管なので，通産省のサービス産業課長っていう人がこっちのカウンターだから，課長，ちょっとこういうことがあって，こうなんだけどって言ったら，その人も頭のいい人で，「おう，わかった。じゃあ，今度，業界が全部集まるとこがあるから，君，そこに来て話しろよ」とか言うから，「はい」って言って，東京の高級ホテルに。すごいんだよ，全国のカラオケ業界のトップが集まっていて，みんな。通産省の課長が，きょうは文部省の室長が来て，なんか皆さんにお願いがあるってことで，「今度，9月12日からそういうことになるんですよ。で，あんたたち，すげえもうけてるのはよく知ってるけど，『日陰者』だと思ってるでしょ，自分のこと。世の中から認知されてると思ってないでしょ」と。

これは前にちゃんとあったんですよ。それこそ幕張メッセで民間企業にいろいろやってもらうじゃないですか。そのとき，なんもないから感謝状だけ出すわけです，感謝状だとお金掛かんないからって，大臣感謝状の出しすぎだとかってすごい怒られちゃって。だけど，感謝状なんか何枚出したって，感謝してるからいいじゃないかって。大臣感謝状，これは，文部科学省みたいなしょうもない名前になっちゃったから変わっちゃったけど，文部大臣からの感謝状ってすごくありがたがられるんですよ。これは，ほかの大臣の感謝状とは格が全然ちがうんですよ。神棚に上げてあったよ，こうやって飾ってあって。それは，そのときに，幕張メッセのときにイメージタレントを使うっていって，イメージタレントをオーディションをやって使ったわけですよ。それ使うんだけど，またそのイメージタレントの料金も値切るわけだよね，こっちは。これはもう文部省のやることですから，そんな普通の値段って。今でも使ってるマナビィっていうのも，そのときに石ノ森章太郎さんに30万の文部省値段で描いてもらったんだよ。普通，頼んだら桁が1つちがいます。それをやって。もちろん石ノ森先生にも感謝状出したけど，やっぱり石ノ森先生ですら，子どもの敵，害悪と言われていた漫画が，文部大臣に頭下げさせるようになったかって言って，やっぱりそれはあるんです，すごくね。芸能プロダクションも，「じゃあ，感謝状出すから」とかって言ったら，すごいうれしいって，文部大臣から感謝状っていって，会社の一番いいとこに掛けてあって，労働大臣からのこういうプロダクションをやってもいいとかいう承認書なんていうのは，どっか隅っこのほうにやられて，これですよ。

　だからカラオケも，「あなたたちが社会的に認知される絶好のチャンスである，カラオケは家族で行くものだっていうことを決定づけることになるから，その日は全部無料にしてくれ」って言ったら，「喜んでいたします」って。「ビリヤードとか，ボーリングとか，全部，その人は親子で来たら無料ですっていうのをやってくれよ」って言ったら，みんなやってくれたから，あの日はすっごいいろんな所であれが無料，これも無料。あるいは，もちろんデパートとかは集客イベントをその日にやっちゃって，親子で来るようなイベントをしますよみ

たいなことに。JRは，学校5日制，お休みになったからできるツアーとかいって，家族旅行のツアーとかつくって，それはみんな商売だから，長い目で見たら必ずもうかる話なんだから，そうやって参加してくるわけですけどね。

　その9・12キャンペーンが成功して，学校5日制がソフトランディングできたのは，結局，1988（昭和63）年以来，生涯学習っていうことで民間との連携っていうのをやってきたこと自体の成果だったわけです。それから，そのとき一番言われたのは，塾にみんな行くんじゃないか，土曜日休みになった分，塾に行くんじゃないかっていうのは散々言われた。それも，結果的にそういうことはなかったし，それから，塾には，塾団体とのそれまでの間に，それを利したようなえげつないことをやられると，また昔みたいに塾を文部省が目の敵にすることになっちゃうぜとかって言ったら，「それは我々もわきまえます」みたいな話でやってくれました。そうやって学校5日制ができ，そして，家庭や地域が子どもの教育に参加するって，今では当たり前の理念がバブル期にはまったく消え去ってしまっていたのを復活させるとこはそこから始まり，それが2002（平成14）年の完全学校5日制に至る道筋になっていったということですね。

(11) **おわりに**

　——世田谷の舞台の上で話してらしたときも，すごくいろいろ話をしてくださっていたんですけど，何も知らないところで聞いてしまって，本当にもったいなかったなって気がしました。何を意図なさっていたのかっていうことがもっと伝わったうえで母親として聞いていれば，PTAなどの活動のなかで意味あることがたくさんあったのに，と，今，改めて感じました。どちらかというと，学校週5日制が導入されてやはり大丈夫なのかしらっていうことで凝り固まっていました。それを払拭できないまま，PTAを結構続けて何年もやっていたんですが，その間，ずっとそういう生涯学習っていうことが視野に入らないまま，学校に振り回されたというか，自分がそういうふうな教育観をもっていた，学力観をもっていたってことなんでしょうか。そのときに新しい学力観という単語は出ていたんですけれども，それと，「ゆとり教育」や生涯学習な

どとの関係がどういうものなのかの説明が，聞きたかったなって思いました。

世田谷にはそれを説明に行ったつもりだったんですけどね。

——なかなか伝わりきらないまま，大変なことになるわよっていうことで浮き足だってしまったんだと思います。

今日お話ししたところっていうのは，もし生涯学習行政の歴史を語るなら，すごく一番いい時期の話なわけですよ。無人の野を行くがごとくじゃないけど，どんどんやれていって。ところが，学校って，その学校5日制っていうのは学校に行かない日の話だからいいわけなんだけど，今度は行ってる日の話になったらもうそっからが大変。これからは泥沼の戦いですよ。学校という存在がいかに生涯学習社会の敵かっていうことがよくわかってくる。敵です。断言します。学校なんていうものがなかったらもっといい社会になると思っている。

役人やってるときは，学校嫌いですとは言えないですよね。学校も文部省と同じ立場なんだから。つまり，学校は嫌いっていうのは，じゃあどうなんですかってことになる。学校の代わりに小学校ぐらいの地域に，あれぐらいの地域の割合で，なんでも学べる学習センターっていうのをつくって，そこに，図書館に司書がいたり美術館に学芸員がいるみたいに，今の先生と同じぐらいの数の，同じぐらいの能力の指導員をつけといて，子どもが何を学びたいって言ったら，それをやっていけるようにしていくしくみをつくっていけばいいだけのことだという意味なんですよ。つまり，学校っていうのは，教える側の都合のいいことを教え込む。本来は近代国家をつくるために政府の都合のいいことを教えるシステムなんですから。

2015年5月20日　青山学院大学にて
（聞き手：本庄陽子）

寺脇　研：1952年生まれ。文部省社会教育局社会教育課課長補佐，初等中等教育局職業教育課長，広島県教育長，高等教育局医学教育課長，生涯学習局生涯学習振興課長，大臣官房審議官，文化庁文化部長などを歴任。現在，京都造形芸術大学教授。

2 生涯学習施策の始まりのころ：寺脇氏のインタビューをどう読むか

(1) Mr. 文部省という評価

　日本の子どもの学力低下の元凶として酷評される寺脇研を知っている人は，まだ多いのかもしれない。しかし，そのうち，忘れ去られることであろう。寺脇氏は，「Mr. 文部省」ともてはやされ，教育改革に大きな力を発揮し，そのスポークスマンとして，生涯学習政策の強力な推進者として位置づけられていたわけだが，そのことは今ではとくに語られることもない。そもそも，そのときに研究者として活躍していた人物を知らない社会教育担当の責任ある立場の文科省職員も出てくるようなご時世になっているわけで。善いか悪いかは別にして，高級官僚で社会教育にコミットしようとした職員は希な存在である。また，寺脇氏のような，評価が乱高下してきたお役人は，そうそう存在するわけではない。

(2) 行動力と「はったり」と限界と

　インタビューを読むと，寺脇氏の行動力には感服するものがある。それとともに，「傲慢さ」とみられる言動が多いことも事実であろう。本人は居直っているようにも思えるのであるが，そのくらいにしないと，「生涯学習」という考え方を教育行政の世界に入れ込むことが困難であったということなのであろうか。そういう意味では，寺脇氏の生涯学習振興への貢献は，きわめて大きいと考えなければいけない。ただしかし，インタビューから推察できる寺脇氏の生涯学習理解は，果たして，正しいものなのか，偏ってはいないか，という観点での検討もしなくてはなるまい。寺脇氏のかかわった人物は，研究者を含めてある一定の範域にとどまるし，そのようななかで一国の行政施策が動くということには驚かざるを得ない。極端な事例だということであろうが，施策が「知り合い」のなかで進んで行くようなしくみ・役所や学界・研究者のあり方についても，考えさせられることは多いはずだ。

⑶ **大きな話のなかの小さなこと**

　このインタビューは，寺脇氏のいう「生涯学習行政の一番いい時期」を対象としたものであった。景気が活況を呈し，民間企業なども積極的な連携・協力の姿勢を示していた。話は，新自由主義経済の考え方が浸透するような時期のものだということでもあり，さまざまな規制緩和が進み，「自由な」競争によって社会が進展するという方向づけがなされており，社会教育・生涯学習の領域においてもそのような流れで施策が進められていたのである。歴史の大きな流れのなかでの，生涯学習政策をめぐる動きであったと位置づける必要があるわけだ。

　「生きる力」「ゆとり教育」「学力低下」という学校教育をめぐるさまざまな議論と同時に，社会教育・生涯学習の領域における動きをみていくということが求められるのであろう。私には，寺脇氏の「大きな話」は，やはり学校教育のなかで社会教育の「やり方」を入れるという方法論であったと思える。そのことがむしろ「学校教育主義者」からの反発を買い，「大きな話」を完結できなかったとみることもできるのではなかろうか。学校教育と社会教育は，まったくちがうと考えて，それをどう，連携させるかをもっと深く検討することが求められたのであろう。

　寺脇氏には，20年くらい前から，大学へ何回か講義にゲストとして来ていただいたり，あれこれ世話になってきた。毒か薬かわからないが，その存在は貴重なものであることだけは確かなのである。私は，昔からよく，「学校教育は嫌いだ」と言ってきた。寺脇氏もそのような発言をするとは，時代も彼の立場も変わったな，と感じる。

　　　　　　　　　　　　　　　　　　　　　　　　　　　（鈴木　眞理）

索　引

あ行

イリイチ, I.　84
エコミュージアム　131
NPO　34
NPO法（特定非営利活動促進法）　13, 86
OJT　105

か行

学芸員　154, 195
学社融合　39, 62, 155
学社連携　39, 155
学習　109, 168
学習課題　14, 73
学習活動　87
学習機会　88, 109, 119
学習社会　110
学習成果　91
学童保育　79
学級　58, 104
学校運営協議会　43, 55
学校教育　10, 41, 51
学校支援地域本部　25, 45, 67, 122
学校支援ボランティア　45
学校週5日制　40, 52, 189
学校評議員制度　41, 55
家庭教育　10, 51
カルチャーセンター　109
管理委託制度　110
企業内教育　101, 106
キャリア教育　102
教育　117, 168
教育委員会　36
教育文化産業　108

現代的課題　135
公開講座　47
公共的課題　77
講座　51, 58, 104
コーディネーター　38, 119
コーディネート　35, 118
公民館　21, 72, 109, 131, 179
公民館運営審議会　14
公民館主事　150
高齢者教育　79
個人教授所
子育て支援　126
子ども会　59
コミュニティ・スクール　43, 55
コミュニティ・ワーク　82

さ行

サポート・バット・ノーコントロール　93
司書　154, 195
指定管理者制度　13, 93, 110
自発性　118
社会教育　10, 71, 153
社会教育委員　14
社会教育関係職員　121
社会教育関係団体　59, 66, 93
社会教育行政　8, 21, 33, 117
社会教育局　172
社会教育施設　21, 45, 110, 131
社会教育主事　35, 66, 117, 121, 154, 173
社会教育職員　16
社会教育法　21
社会貢献　50, 106, 171
社会事業　72
社会福祉　71

社会通信教育　109
市民　86
市民運動　90
市民活動　86
自由大学　47
住民運動　89
生涯学習　26, 111, 168
生涯学習局　172, 183
生涯学習社会　111, 167, 170, 178
生涯学習振興行政　27
生涯学習振興法　185
生涯学習体系への移行　26, 48
生涯学習のまちづくり　137
生涯教育　110, 147
職業教育　102
女性教育　24
女性教育施設　104
青少年教育　24
青少年教育施設　60, 104
青年学級　88
セルフアドボカシー　75
専修学校　104
専門職大学院　104, 114, 164
専門的教育職員　35, 154
相互学習　34
相互教育　76

た 行

大学開放　48
体験活動　91
地域コーディネーター　45
地域福祉　72
通学合宿　10, 60
図書館　21, 131

図書館法　154

な 行

ネットワーク型行政　12, 30, 126
ノーサポート・ノーコントロール　93

は 行

博学連携　10
博物館　21, 131
博物館法　154
派遣社会教育主事　155
派遣社会教育主事制度　10, 156
ハッチンス，R. M.　110
PTA　45, 63, 93, 189
必要課題　119
婦人会　191
放課後子供教室　25, 122
放送大学　48
ボランティア　14, 57, 92
ボランティア活動　57, 90, 92, 107

ま 行

メセナ　12, 106

や 行

ゆとり教育　40, 166, 197
ユネスコ　28, 147, 170

ら 行

ラングラン，P.　147

わ 行

ワークショップ　118

［編　者］

鈴木　眞理（すずき　まこと）〈本講座編集代表〉
　　青山学院大学
伊藤真木子（いとう　まきこ）
　　常磐大学
本庄　陽子（ほんじょう　ようこ）
　　青山学院大学〈非常勤〉

〈講座 転形期の社会教育Ⅱ〉
社会教育の連携論
　──社会教育の固有性と連携を考える──

2015年11月20日　第1版第1刷発行

　　　　　　　　　　　　　　　　編著者　鈴木　眞理
　　　　　　　　　　　　　　　　　　　　伊藤真木子
　　　　　　　　　　　　　　　　　　　　本庄　陽子

発行者　田中　千津子　　〒153-0064　東京都目黒区下目黒3-6-1
　　　　　　　　　　　　電話　03（3715）1501 代
発行所　株式会社 学文社　FAX　03（3715）2012
　　　　　　　　　　　　http://www.gakubunsha.com

©M. Suzuki/M. Ito/Y. Honjo 2015　　　　　　印刷　新灯印刷
乱丁・落丁の場合は本社でお取替えします。
定価は売上カード，カバーに表示。

ISBN 978-4-7620-2512-9